KB169779

# 공부의
# 뇌과학

양은우 지음

똑같이 공부해도
성적이 2배로 오르는 아이들의 비밀

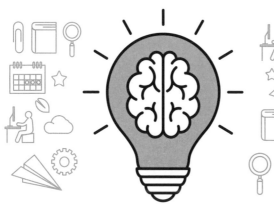

# 공부의
# 뇌과학

카시오페아
Cassiopeia

# 공부머리는
# 정말 따로 있는 것일까?

## 왜 누구는 공부를 잘하고
## 누구는 못할까?

같은 대학에 진학한 고등학교 동창이 있다. 그 친구는 엄청난 노력파였는데 입학한 날부터 한눈팔지 않고 기계처럼 공부만 했다. 하루 종일 도서관에 틀어박혀 시간을 보내곤 했는데, 한 번 도서관에 들어서면 수업 시간을 제외하고는 자리를 비우는 일이 없었다. 안타깝게도 결과는 늘 그의 노력을 배신하곤 했다. 하루 14시간 가까이 공부만 했음에도 불구하고 그 친구의 성적은 늘 중하위권을 벗어나지 못했다. 옆에서 지켜보는 내가 안타까울 지경이었다. 이 친구가 그렇게 노력한 이유는 자신의 머리가 나쁘기 때문에 열심히 노력하지 않으면 졸업이 힘들 수도 있다고 생각했기 때문이었다. 하소연하듯 내뱉던 그의 말에 측은한 생각과 함께 '어쩌면 저렇게 노력하는데도 성적이 안 오를까' 하는 의문이 들기도 했다.

반면에 또 다른 동기 하나는 얄미울 정도로 공부를 잘했다. 그는 대학 시절 내내 공부와는 담을 쌓고 지내다시피 했다. 술자리나 미팅 등 어떤 자리에도 그 친구가 빠지는 일이 없을 정도였다. 대학 생활을 하는 내내 공부하는 모습을 단 한 번도 본 적이 없건만 그의 성적은 늘 상위권이었다. 시험을 불과 하루 이틀 앞두고 필기조차 없이 교재를 보는 것만으로 그는 좋은 점수를 받곤 했다. 그러면서도 성적 우수 장학금을 몇 차례씩 받곤 했다. 상대적으로 많은 노력을 하면서도 성적은 그에 미치지 못했기에 나는 그 친구에게 심한 질투를 느끼곤 했다.

머리 싸매고 공부를 해도 성적이 오르지 않아 안타까움을 주었던 친구와 설렁설렁 공부를 하면서도 좋은 성적을 받았던 친구. 두 사람의 모습을 보면서 그 중간쯤에 있던 나는 불공평하다는 생각을 많이 했다. 왜 어떤 사람은 힘들게 노력함에도 불구하고 성적이 오르지 않고, 어떤 사람은 노는 것에만 정신이 팔려 있다가 벼락치기 공부를 함에도 불구하고 좋은 성적을 받는 것일까? 노력한 사람이 좋은 성적을 받고 노력하지 않은 사람은 나쁜 성적을 받는 것이 공정한 것 아닌가 하는 생각도 들었다.

이런 사례는 중·고등학생 시절에도 꽤 많았다. 어떤 친구들은 별로 힘들이지 않고 건성건성 공부하는 것 같음에도 불구하고 늘 좋은 성적을 받고 선생님들의 총애를 받는가 하면, 어떤 친구들은 죽어라 공부를 하면서도 늘 중하위권에서 벗어나질 못했다. 물론 대부분의 아이들은 노력에 비례해 성적을 받았지만 말이다.

나는 오래전에 중·고등학생들을 대상으로 학습 컨설팅을 하곤 했는데 그중 대조적인 모습을 보인 두 아이가 있었다. 원준이는 전혀 힘들이지 않고 공부하는 학생이었다. 무슨 책이든 몇 번 읽는 것만으로도 그 내용을 충분히 이해했고 전적으로 공부에만 매달리지도 않았다. 다른 아이들처럼 학원을 전전하지도 않았고 잠은 늘 충분할 정도로 잤으며 때로는 친구들과 어울려 한가롭게 농구를 하거나 코인노래방에 다니는 모습도 볼 수 있었다. 오히려 그런 원준이의 모습을 보면서 부모님만 애가 타서 불안한 마음을 감추지 못했다. 하지만 원준이 스스로는 성적에 대한 강박감이나 스트레스가 별로 없었다. 그럼에도 불구하고 원준이는 늘 좋은 성적을 거두었고 힘들이지 않고 자신이 원하던 대학에 입학했다.

반면에 준호는 늘 새벽 1~2시가 될 때까지 책상 앞에 앉아 교과서와 학습지를 붙잡고 씨름했다. 교재를 몇 번씩 반복적으로 들여다보며 노트에 깨알같이 필기를 했고, 학교가 끝나자마자 몇 개의 학원을 전전하며 밤늦게까지 공부에 매달렸다. 그러다 보니 늘 잠이 부족해서 피곤하고 지친 모습이었고 학업 스트레스도 극심했다. 준호와 대화를 나눌 때면 늘 불만이 쌓여 있는 듯 보였다. 하지만 공부에 들이는 시간에 비해 준호의 성적은 그리 신통치 않았다. 공부하는 모습만 보면 분명 좋은 성적을 거두어야 마땅하건만 결과는 늘 기대 밖이었다. 안타깝게도 준호는 원하는 대학에 진학하지 못했고 지방의 한 대학에 입학하는 것으로 만족해야만 했다.

아이를 낳고 키우는 부모라면 누구나 한 번쯤 하는 착각이 있다. 바로 자기 아이를 보면서 '혹시 천재 아니야?' 하고 생각하는 것이다. 모든 부모가 아이를 낳고 키우는 과정에서 자신의 자녀가 범상치 않다고 여길 때가 몇 차례 있다. 아이가 상식적으로 그 나이에 할 수 없을 것 같은 행동이나 말을 하면 혹시나 비범한 재능을 갖고 있는 것은 아닌지 기대하게 된다. 나 역시 우리 아이들을 키우면서 수차례 그런 생각을 하곤 했다. 하지만 그것은 그야말로 착각일 뿐이다. 세상이 달라지고 있다고는 하지만 여전히 우리 사회는 공부를 잘해야 인정받고 대접받으며, 좋은 대학을 나온 사람들이 앞서갈 수 있는 환경에 놓여 있다. 그러다 보니 자기 자식이 누구보다 안락하고 편한 환경에서 경제적 어려움 없이 살길 바라는 부모 입장에서는 아이들이 공부 잘하기를 바란다.

알 수 없는 건, 똑같은 사람임에도 불구하고 누구는 공부를 잘하고 누구는 그렇지 못하다는 것이다. 세상의 모든 사람들이 동일한 지능을 가지고 동일하게 학업 성적을 거둘 수 있다면 좋으련만 세상사가 그렇지 않다. 우리가 서 있는 운동장이 처음부터 기울어져 있다는 것은 부인할 수 없는 사실이다. 왜 세상은 이렇게 불공평하게 만들어진 것일까? 왜 누구는 학창 시절에 한 번도 전교 1등을 놓치지 않으며 늘 부모와 선생님들의 사랑을 독차지하고 주목받는가 하면, 누구는 꼴찌 근처에서 벗어나질 못하고 '잉여 인간' 같은 취급을 받는 것일까? 왜 이렇게 사람마다 자신의 능력을 발휘하는 데 차이가 있는 것일까?

## '공부머리'는 정말 있을까?

우리 첫째가 다섯 살이 됐을 무렵, 우연히 지능검사를 하게 됐다. 아이가 받은 점수는 127점이었다. 노벨상을 받은 사람들의 평균 아이큐가 126점이라고 하니 127점은 꽤 높은 점수였기에 내 마음도 뿌듯해졌다. 크면서 학업 때문에 속 썩일 일은 없을 것 같았기 때문이었다. 이후 아이는 중학교에 입학하면서 영재반에 들어갔고 그곳에서 활발하게 활동을 했다. 하지만 기대만큼 좋은 성적을 내지는 못했다. 수능을 앞두고서는 서울에 있는 대학에 들어가기 힘들 것이라는 피드백을 받아 큰 실망을 안겨주기도 했다. 하지만 수능에서 좋은 성적을 거두었고 우려와는 달리 서울 소재 대학에 들어갈 수 있었다. 이후 대학을 다니는 동안에는 입학 첫 학기를 비롯해서 졸업할 때까지 4년 내내 성적 우수 장학금을 놓치지 않았으며 4.5점 만점에 4.4점이라는 경이로운 평균 평점으로 학교를 졸업했다.

이 아이를 보면서 궁금한 생각이 들지 않을 수 없었다. 도대체 이 아이는 머리가 좋은 것일까, 나쁜 것일까? 아이큐 점수가 높음에도 불구하고 학교 성적은 그리 좋지 않았으니 머리가 나쁜 것일까? 아니면 수능이나 대학에서의 성적이 좋았으니 결국 머리가 좋은 것일까? 흔히들 '공부머리'라는 말을 쓰곤 한다. '공부를 잘하는 머리'라는 의미일 텐데, 이런 말이 따로 존재한다는 것은 일상생활에서 아무리 똑똑하게 행동하는 아이들이라도 막상 학업 성적은 그다지 좋지 않은 경우가 있음을 의미하는 것이라고도 할 수 있다. 즉, '머리 좋은 것 따로, 공부 잘하는 것 따로'라는 말이다. 그렇다면 도대체 공부머리란 무엇일까? 우리는 흔히 누군가의 머리가 좋은지 나쁜지 가늠할 때 그 기준으로 아이큐를 언급하곤 한다. 아이큐가 높은 사람은 대체로 머리가 좋고

똑똑한 사람이며 아이큐가 낮으면 머리가 좋지 않고 아둔한 사람으로 여긴다. 아이큐가 높을수록 공부를 잘하고 학교에서의 성적도 좋을 것이라 생각한다. 즉 '공부머리=아이큐'라고 여기는 것이다. 실제로 경이로운 아이큐를 가진, 영재 혹은 천재라 불리는 아이들의 학교 성적은 좋은 편이다.

하지만 늘 그렇지는 않다. 아이큐가 높다고 해서 무조건 공부를 잘하는 것도 아니고, 아이큐가 낮다고 무조건 공부를 못하는 것도 아니다. 물론 아이큐와 성적 간에는 어느 정도 비례하는 경향이 있기는 하지만 상관계수가 1에 수렴하지는 않는다. 미국에서 연구된 자료에 따르면 아이큐가 학교 성적에 미치는 영향은 15~25% 정도에 불과하다고 한다. 즉, 연관성이 크지 않다고 할 수 있다. 일반적으로 우리는 아이큐가 높을수록 학업 성적이 높을 것이라고 여기지만 아이큐와 성적이 별개라니 우리가 알고 있는 상식과는 크게 다른 얘기가 아닐 수 없다.

## 아이큐가 공부머리를 나타내지 못하는 이유

아이큐, 즉 지능을 측정하는 검사 방법은 1917년에 미 육군에

익해 개발됐다. 제1차 세계대전에 참전하기로 결정한 미 육군은 전쟁터에 나설 병사들을 모집하기 시작했다. 그러나 전쟁 준비가 제대로 안 되어 있었기에 300만 명이나 되는 모집 인원에 대해 관리 기준을 가지고 있지 못했고 장교와 사병을 구분하지도 못했다. 이에 미 육군에서는 자원자들 중에서 장교가 될 자질을 갖춘 사람을 구분해낼 수 있는 방법을 찾을 필요가 있었다. 그 결과, 자원자들의 두뇌 역량을 측정하여 점수가 높은 사람에게는 장교의 임무를 부여하고, 점수가 낮은 사람은 일반 사병의 임무를 부여하면 되겠다는 아이디어에 도달했다. 미 육군은 당시 심리학회에 신병들의 지능을 측정할 수 있는 검사 도구를 개발해달라고 요청했다. 미국 심리학회는 연구 끝에 결정성 지식, 즉 이미 배운 사실들을 얼마나 알고 있는지를 측정하는 검사 도구를 개발했다. 이 검사 도구에서는 가령 '정삼각형의 세 변의 길이는 같다'거나 '대한민국의 수도는 서울이다'와 같은 사실적 지식을 많이 알수록 높은 점수를 받을 수 있었다.

하지만 전쟁터에서 이런 지식이 효력을 발휘할 리 없다. 삼각형의 내각의 합이 180도라는 사실을 안다고 해서 뛰어난 전술이나 전략을 발휘하고 병사들을 효과적으로 지휘하는 리더십을 발휘할 수는 없다. 실제로 이 검사 방식에 의해 높은 점수를 얻어 장교가 된 사람들은 실제 전장에서 제대로 임무를 수행하지 못한 반면, 낮은 점수를 받아 사병으로 배치된 사람들 중에는 훌륭하게 임무를 수행해낸 사람들이 많았다. 미 육군은 자신들이 가진 검사 도구가 장교와 사병의 자질을 가려낼 수 없음을 알게 됐고, 결국 이 검사 방식을 도입 6개월 만에 폐기 처분했다. 안타깝게도 그 검사 방식은 군대 밖에서 계속 이어져 내려왔는데 이것이 오늘날 지능검사의 뿌리다.

이런 히스토리는 학업 성적을 예측하는 도구로써 지능검사의 한계를 드러낸다. 지금도 여전히 지능검사는 전 세계적으로 한 사람이 얼마나 똑똑한지 판단하는 근거로 활용되고 있지만, 사실 이렇게 정해진 지식을 얼마나 많이 알고 있는지 여부를 측정하는 것만으로는 그 사람이 미래에 얼마나 좋은 학업 성적을 거둘지 예측하기가 어렵다. 시험은 지식을 측정하기도 하지만 그 지식을 응용해서 문제를 해결할 수 있는 역량을 판별하는 문제들이 주를 이루기 때문이다. 특히 수능 체제에서의 시험은 더욱더 그렇다. 게다가 부모의 학력이 높을수록 자녀들을 잘 가르칠 확률이 높기 때문에 자녀들의 아이큐도 높아질 수 있는 오류도 포함한다. 결국 지능검사에서 높은 점수를 받은 사람들이 반드시 좋은 학업 성적을 거두는 것은 아니라는 것이다. 다만 최근에 개정된 웩슬러 아동용 지능검사 등은 검사 방식이 조금씩 바뀌어 나가고 있기는 하다.

# 공부머리를
# 기르는 방법

학창 시절의 경험과 그동안 주위에서 만난 아이들의 모습을 보면서 나는 흔히 말하는 '공부머리'라는 것이 따로 있다는 생각을 하게 됐다. 그리고 공부머리를 결정하는 요인이 무엇인지 궁금해졌다. 그러다 뇌과학을 공부하게 되면서 실제로 공부머리가 있음을 알게 됐다. 이 책에서는 공부머리란 무엇이며 어떻게 해야 공부머리를 좋게 만들 수 있는지에 대해 다룬다.

우선 1부 '뇌과학이 밝혀낸 성적 향상의 핵심 비밀'에서는 공부머리의 실체라고 할 수 있는 작업 기억과 메타 인지에 대해 다루었다. 작업 기억과 메타 인지는 공부머리를 만들기 위해 반드시 키워야 하는 역량이자 직접적으로 성적에 영향을 미칠 수 있는 요인들이다. 이것들이 든든한 바탕이 되어 있어야만 공부의 효과가 나타난다.

2부 '공부에 최적화된 뇌를 만드는 5가지 방법'에서는 뇌의 특성을 기반으로 성적을 올릴 수 있는 두뇌 활용 비결들을 다루었다. 공부를 하면서도 잘못된 생활 방식이나 학습 습관으로 인해 효율을 깎아먹는 경우가 많다. 빈 독에 열심히 물을 퍼 담지만 독에 구멍이 나 있어 힘들게 채운 물이 알게 모르게 새어 나가는 꼴이다. 2부에서는 직접적으로 공부머리를 좋게 만들어주는 것은 아니지만 공부머리를 더욱 효율적으로 활용할 수 있는 방법들을 제시했다. 이를테면 잠과 운동, 기억력 향상 방안, 공부 요령과 두뇌 특성에 맞는 학습 방법, 학습 환경 등에 대한 내용들이다. 1부에서 다룬 작업 기억과 메타 인지가 바탕이 된 상태에서 2부에서 언급한 내용들이 더해진다면 분명 성적은 향상될 수 있을 것이다.

공부머리를 만드는 데 무엇보다 중요한 건 확신을 갖는 일이다. 공부머리는 노력에 의해 충분히 좋아질 수 있는데 그 이유는 두 가지 때문이다. 첫째, 두뇌는 물리적인 측면에서 변화시킬 수 있는 가능성이 있으며, 둘째로 두뇌는 어떻게 활용하느냐에 따라서 성능이 달라질 수 있기 때문이다. 뇌는 가소성이라는 특징을 지닌 덕분에 충분히 변화시킬 수 있다. 한마디로 쓰면 쓸수록 좋아진다는 것이다. 이와 같은 뇌의 가소성을 보여주는 대표적인 사례가 하나 있다. 런던의 택시 기사들은 거미줄보다 복잡하고 마치 미로처럼 만들어진 골목길을 무리 없이 빠져나가기 위해 런던의 골목길 구조를 마치 손바닥을 들여다보듯 기억한다. 그러다 보니 그들의 해마는 보통 사람들보다 훨씬 크다. 길을 잃을 정도로 복잡한 골목길의 구조를 손바닥 들여다보듯 기억해야 하다 보니 기억을 담당하는 두뇌 기관인 해마가 커진 것이다.

뇌를 사용할수록 좋아지고 얼마든지 원하는 대로 바꿀 수 있다는 가소성은 학업 성적을 높이는 데도 적용이 가능하다. 학습과 관련된 두뇌 부위를 많이 활용하면 활용할수록 그곳의 기능은 발달하고 두뇌의 여러 부위 간 연결이 강화되면서 신경 활동이 활발해진다. 그로 인해 관련된 정보를 처리하고 응용하는 일이 자연스러워짐에 따라 학습에 어려움을 겪지 않게 된다. 이런 과정은 더디게 일어난다고 해도 어느 순간 뇌의 물리적인 변화를 가져올 수도 있다.

또 하나의 방법은 뇌를 활용하는 방법을 기존과 다르게 바꾸는 것이다. 뇌는 우리 몸에서 없어서는 안 되는 필수적인 부위이자 인간의 사고와 행동을 지배하는 가장 중요한 부위다. 하지만 대부분의 사람들은 두뇌를 최적으로 활용하는 방법에 대해 잘 모른다. 뇌에 대해 알려진 정보가 그리 많지 않고 그에 따라 제대로 된 뇌 활용 매뉴얼이 없기 때문이다. 게다가 뇌는 눈에 보이지도 않는다. 인간은 자신의 몸에 대해 많은 관심이 있고, 의학의 발전과 의학 지식의 대중화로 인해 많은 지식을 갖게 됐다. 이와 같은 지식을 바탕으로 몸에 좋은 행동은 자주 하려고 하고 몸에 안 좋은 행동은 가급적 안 하려고 한다.

하지만 어찌된 일인지 뇌에 대해서는 그렇지 못하다. 무엇을 하면 뇌에 해롭고, 무엇을 하면 뇌 건강에 좋은지, 어떤 행동이 뇌를 병들게 하고, 어떤 행동이 뇌의 효율을 높여주는지 알지 못한다. 그러다 보니 우리가 습관적으로 해온 어떤 행동은 뇌의 효율을 높일 수 있는 반면, 어떤 행동은 뇌의 효율을 깎아내리는 나쁜 행동일 수 있다. 예를 들어 잠이 부족하면 뇌의 기능이 급격히 떨어지고 학습한 것을 기억으로 응고시키지 못하거나 창의적인 사고가 약해지게 된다. 하지만 전문가가 아니고서야 누구도 잠이 부족하면 그렇게 된다는 것을 알지 못한다. 그래서 시험에서 좋은 점수를 받기 위해 잠을 아껴가며 공부를 하기도 하고 밤을 새워가며 과제를 끝내기도 한다. 그러나 그러한 행동들은 뇌의 기본적인 특성을 무시하고 뇌가 효율을 발휘할 수 있는 방식을 거스르는 행위다.

뇌과학의 발달과 더불어 이제는 뇌를 어떻게 활용하느냐에 따라 기능이나 성능, 효율도 달라질 수 있다는 증거들이 속속 드러나는 중이다. 공부도 마찬가지다. 여전히 많은 사람들이 공부를 잘하기 위한 수단으로 '의지'와 '노력'을 꼽는다. 즉, 요령 피우지 않고 진득하게, 열심히 하는 것이 가장 좋은 공부 방법이라고 여긴다. 이렇게 노력과 끈기를 공부를 잘하는 가장 중요한 요소로 생각하다 보니 조용한 공간에서, 밤잠을 줄여가면서, 책상 앞에 앉아 자리를 뜨지 않고, 같은 내용을 외우고 또 외우며, 요령 피우지 않고 공부하는 게 최선이라 여기는 사람들이 많다. 지금도 공부법을 알려주는 책들 중에는 그러한 내용들이 많다.

하지만 그중에는 옳은 것도 있지만 옳지 않은 정보도 있다. 인간의 뇌에 대한 이해가 부족한 상태에서는 그렇게밖에 할 수 없을 것이라 여겼던 방식들도 뇌를 잘 아는 상태에서 보면 전혀 효과가 없거나 오히려 정반대로 효율을 깎아먹는 방식임이 밝혀지기도 한다. 또한, 사람에 따라서 공부법의 효과가 다르게 나타나기도 한다. 이런 잘못들을 바로잡아 우리의 뇌가 효율을 발휘할 수 있는 방식대로 활용한다면 틀림없이 학업 성적을 높일 수 있을 것이라고 믿는다. 그것이 뇌를 물리적으로 바꾸지 않고서도 학업 성적을 올릴 수 있는 방법이다. 무조건 책상 앞에 앉아 몸으로 때우며 공부하던 시절은 오래전에 끝났다. 성형을 하듯 뇌를 바꾸는 것은 불가능하지만, 잘못 활용하고 있던 뇌를 올바르게 활용하는 것은 상대적으로 쉽다. 이 책에 담긴 내용들을 토대로 지금까지 잘못 활용하고 있던 두뇌를 올바르게 활용한다면 학업 성적을 크게 향상시킬 수 있을 것이라고 저자로서 자부한다.

## 차례

### 1부 뇌과학이 밝혀낸 성적 향상의 핵심 비밀

✦1장✦
## 작업 기억이 성적을 좌우한다

**2부**　**공부에 최적화된 뇌를 만드는 5가지 방법**

## ✦ 7장 ✦
# 공부 환경_아웃풋이 200% 올라가는 환경을 만들어라

# 뇌과학이 밝혀낸
# 성적 향상의 핵심 비밀

# 1장

작업 기억이
성적을 좌우한다

# 아이큐 점수로는
# 진짜 공부머리를 알 수 없다

7년 전쯤 천안의 한 기관에서 강의를 했을 때의 일이다. 그날 강의는 자녀들을 둔 엄마들을 대상으로 한 교양 차원의 뇌과학 내용이었다. 뇌에 관한 강의를 할 때면 사람들은 많은 호기심을 보이곤 하는데, 강의가 끝나고 나면 꼭 내게 직접 찾아와 질문을 하는 분들이 계시다. 그날도 30대 중후반으로 보이는 여성 세 명이 나를 찾아왔다. 각각 하은이, 재성이, 정윤이라는 초등학교 3학년 자녀를 둔 엄마들이었는데, 자기 아이들의 미래 학업 성적을 예측해볼 수 있겠느냐는 것이 질문의 요지였다. 세 명 모두 궁금해하는 점이 동일했다. 지금까지는 자녀들이 공부를 잘

히는 것 같은데 성장하면서도 학업 능력이 계속 유지될 수 있는지 알고 싶어 했다.

프롤로그에서 아이큐로는 아이의 미래 학업 성적을 15~25% 정도밖에 예측할 수 없다고 했다. 최근에는 아이큐만으로는 미래 학업 성적을 예측하기 어렵다는 연구가 더욱 많아지는 추세다. 그렇다면 한 아이가 미래에 얼마만큼의 학업 성취도를 보일 수 있는지, 더 나아가 성인이 된 이후 삶에서 과연 성공 가능성이 얼마나 될지를 내다볼 수 있는 방법이 있을까? 나의 대답은 '물론 있다'다. 그것도 정확도가 무려 95%나 되는 방법이다. 바로 작업 기억 역량을 측정해보는 것이다. 지금까지 신경학자들에 의해 연구된 결과에 따르면 작업 기억은 아이큐와는 달리 미래의 학업 성취도, 더 나아가 삶에서의 성공 가능성까지 예측해주는 가장 좋은 도구다. 작업 기억이 좋으면 학습하는 데 아주 유리하며 좋은 성적을 얻을 가능성이 높다.

## 작업 기억과 성적 사이의 높은 상관관계

작업 기억 능력을 통해 아이들의 미래 성적을 예측할 수 있는 이유는 그것이 유동성 지능과 상관관계가 있기 때문이다. 무엇을 알고 있는지 모르는지를 나타내는 결정성 지식과는 달리 유동성 지능은 이전에 습득한 지식을 응용하여 독립적으로 새로운 문제를 추론하고 해결할 수 있는 능력을 말한다. 즉, 기존 지식을 바탕으로 새로운 상황에서 문제를 분석하고 해결해나가는 응용 능력이 유동성 지능이다. 이는 다양한 인지 활동에 중요한 역할을 하며 학습에서 중요한 요소 중 하나이다. 복잡하고 까다로운 환경에서 전문적인 과제를 수행하거나 학업 성과를 내는 데 밀접하게 관련되어 있다. 수능처럼 응용 능력을 묻는 시험문제에서는 유동성 지능이 높을수록 좋은 성적을 얻을 가능성이 높다.

한 조사에 따르면 작업 기억과 유동성 지능 간의 상관관계가 대개 0.6~0.8 사이에 이른다고 한다. 작업 기억이 뛰어날수록 유동성 지능도 높다는 것인데, 유동성 지능이 높으면 학업에서 좋은 성적을 내기에 유리하다. 가끔 높은 아이큐를 가지고 있음에도 불구하고 학업 성적이 낮은 아이들이 있고, 그 반대로 아이큐는 그리 뛰어나지 않아도 학업 성적은 좋은 아이들이 있다. 이는 아이큐보다는 작업 기억이 성적에 더욱 큰 영향을 미친다는 의미다. 아이큐가 높아도 작업 기억이 나쁘면 좋은 성적을 내기 어려울 수 있지만, 아이큐가 높고 작업 기억도 뛰어나면 좋은 성적을 거둘 수 있는 것이다. 그러므로 아이큐 점수가 높음에도 불구하고 학업 성적이 생각보다 좋지 않은 아이들이라면 작업 기억이 좋지 않다고 유추할 수 있다. 이러한 아이들은 작업 기억 역량을 높여주면 성적이 올라갈 가능성이 크다. 이 말은 곧 '공부머리'가 따로 있다는 이야기이고, 작업 기억이 바로 공부머리임을 나타낸다.

| 아이큐: 높음 작업 기억: 좋음 | 좋은 성적 | 아이큐: 낮음 작업 기억: 좋음 | 기대보다 좋은 성적 |
|---|---|---|---|
| 아이큐: 높음 작업 기억: 나쁨 | 기대보다 낮은 성적 | 아이큐: 낮음 작업 기억: 나쁨 | 나쁜 성적 |

작업 기억 연구의 선두주자인 노스플로리다대학교의 트레이시 앨러웨이 교수는 유치원생 200명을 대상으로 작업 기억과 아이큐 검사 등 여러 가지 테스트를 시행하고 그 점수를 학업 성적과 비교했다. 그 결과, 아이큐는 학업 성적에 별다른 영향을 미치지 않았다. 아이큐가 보통 이상이거나 그보다 좋다고 해서 학업 성적이 그만큼 좋게 나타나지는 않았다는 것이다. 아이큐보다 성적에 더욱 큰 영향을 미친 것은 작업 기억 역량이었다. 작업 기억 역량이 뛰어난 아이들이 학업 성적에서 더욱 좋은 점수를 얻었던 것이다. 그에 따르면 만일 유치원 때의 작업 기억 역

량 점수를 알 수 있다면 초등학교 6학년 때의 성적을 95%의 정확도로 예측할 수 있다고 한다.

초등학생들에게 기본적으로 요구되는 읽기와 이해, 맞춤법, 수학을 성공적으로 배우기 위해 핵심적으로 필요한 인지 기술이 무엇인지 밝혀내는 연구에서 트레이시 앨러웨이 교수는 7세부터 11세 사이의 어린이 70명을 2년 동안 추적 조사했다. 연구팀이 이 아이들의 작업 기억 점수와 아이큐를 측정한 후, 그 점수를 앞서 말한 네 과목의 성적과 비교하자 아이큐는 성적과 특별한 상관관계가 없는 반면, 작업 기억 점수와 성적은 높은 상관관계를 보였다. 작업 기억 점수가 높을수록 좋은 성적을 나타낸 것이다. 한 심리학자는 '현재로서는 작업 기억 역량이 인간의 인지에 관한 각종 이론과 연구로부터 도출된 최선의 지능 예측 인자다'라고 말하기도 했다.

## 작업 기억을 측정하는 간단한 방법

나는 자녀들의 미래 학습 성과가 궁금하다며 질문을 던진 세 명의 엄마들에게 자녀들의 작업 기억을 측정해볼 것을 권했다.

작업 기억을 측정하는 방법은 한 가지가 아니라 여러 가지이며 복합적인 방법을 사용할 수도 있다. 예를 들어 0부터 9 사이의 숫자들 중에 임의로 숫자를 택해 아이에게 들려주고 들은 순서대로 혹은 거꾸로 숫자를 말해보라고 할 수 있다. 만일 '2-3-5-1'이라는 숫자를 들려주고 순서대로 반복하라고 지시했다면 아이들은 '2-3-5-1'이라는 답을 해야 하고, 거꾸로 말해보라고 지시했다면 '1-5-3-2'라고 답해야 한다. 숫자가 두 개에서 세 개, 네 개, 다섯 개 등으로 늘어날수록 아이들은 들은 숫자를 순방향 혹은 역방향으로 기억해내는 데 어려움을 겪는다. 이때 아이가 기억하는 숫자가 많을수록, 순서를 틀리지 않고 정확히 기억할수록 작업 기억 역량이 뛰어난 것이라고 할 수 있다.

글자와 숫자가 혼합된 문장을 들려주고 글자와 숫자를 분리하여 순서대로 말하게 하는 방법도 있다. 예를 들어 '사과-3-8-방울-5-구름'이라는 문장을 들려주었다면 아이는 '사과-방울-구름-3-8-5'와 같이 글자와 숫자를 분리하고 제시된 순서대로 말을 해야 한다. 이는 북미 지역에서 인지능력을 평가할 때 많이 사용되는 우드콕-존슨 인지능력 검사에서 활용되는 내용이기도 하다. 이런 식의 테스트에서 아이의 점수가 또래 평균보다 뛰어나다면 학년이 올라가서도 공부를 잘할 가능성이 높지만, 이 점수가 또래 평균보다 낮게 나온다면 학년이 올라가면서 학업을 따라가는 데 어려움을 겪을 가능성이 높다.

이와 같은 내용들을 이야기해주고 이후 결과를 확인하기 위해 나는 엄마들과 전화번호와 메일 주소를 주고받은 후 그날 강의를 마쳤다. 몇 주가 지난 후 세 명의 엄마들 중 한 명이 대표로 이메일이 보내왔다. 메일에는 아이들의 작업 기억을 측정한 결과가 담겨 있었다. 하은이의 점수가 가장 높았고, 그다음으로 정윤이, 재성이 순이었다. 또래 아이들의 작업 기억 평균 점수를 알 수 없으므로 이들이 얻은 점수가 상대적으로 높은 것인지 낮은 것인지 판단하기는 어려웠다. 다만 세 아이 사이의 상대적인 점수만으로 그 우열을 가릴 수 있을 뿐이었지만 재성이의 점수가 특히 낮은 편이었다. 당시 이 아이들의 아이큐는 비슷한 수준이었고 성적도 비슷했다.

이후 바쁜 일정으로 인해 그날의 일은 내 기억 속에서 까맣게 잊혀졌다. 그로부터 3, 4년이 지난 어느 날, 다시 작업 기억에 관한 교양 강의를 하다가 문득 그 아이들 생각이 났다. 나는 메일함을 뒤져 예전에 엄마들과 주고받았던 메일들을 찾아냈고, 오랜만에 연락을 취해 아이들의 학업 성적에 대해 물었다. 당시 초등학교 3학년이던 아이들은 어느새 중학생이 되어 있었다. 결과는 예상한 것과 거의 일치했다. 초등학교를 졸업할 때까지 하은이와 정윤이 그리고 재성이의 학업 성적에는 큰 변화가 없었다고 한다. 모두들 수업 내용을 잘 이해했고 학업 과정을 따라가는 데도 문제가 없는 듯 보였다고 한다. 변화는 아이들이 중학교 1학년이 됐을 때부터 나타나기 시작했다고 한다. 자존심이 걸린 민감한 내용이라 그랬는지 세 명의 엄마 모두에게 연락을 받기도 어려웠고 시원스러운 답을 얻을 수도 없었지만, 여러 질문을 통해 알아낸 결과, 하은이의 성적이 가장 뛰어났다. 하은이는 중학교에 진학해서도 모든 과목에서 고르게 좋은 점수를 나타냈으며 학습 능력의 저하 없이 교과 내용을 잘 따라가고 있었다.

반면에 작업 기억 점수가 낮았던 재성이는 중학교에 입학하면서부터 교과 내용을 따라가는 것을 벅차했으며 자신이 좋아하는 과목을 제외하고는 모든 과목에서 그리 좋은 점수를 나타내지 못했다. 그러자 점점 공부에 흥미를 잃고 게임에만 빠져 지내 부모의 걱정이 이만저만이 아니라는 사실을 알 수 있었다. 정윤이는 하은이와 재성이의 중간 정도에 놓여 있다고 보였다. 3, 4년 전에 측정한 작업 기억 점수와 아이들의 실제 성적 사이에 높은 상관관계가 있음을 나 역시 이와 같은 경험으로 확인할 수 있었다. 물론 표본 수가 너무 적어 일반화하기에는 오류의 가능성이 있지만 말이다.

| | 초등 3학년 때의<br>작업 기억 점수 | 중학교 1학년이 됐을 때의<br>학업 성적 |
|---|---|---|
| 하은이 | 가장 높음 | 성적이 가장 좋으며<br>학업 능력의 저하 없이<br>교과 과정을 무난하게 소화함 |
| 정윤이 | 중간 | 성적이 비교적 좋은 편이나<br>가끔씩 교과 과정을 따라가는 데<br>어려움을 느낌 |
| 재성이 | 가장 낮음 | 좋아하는 과목 이외에는<br>대부분의 과목 점수가 낮으며<br>학업 저하가 나타남 |

나는 정윤이와 재성이 엄마에게 하루 30분씩 숫자 맞추기 훈련을 비롯해 작업 기억을 높이기 위한 몇 가지 훈련들을 강도 높게 반복하라고 조언했다. 하루도 빼놓지 않고 꾸준히 훈련을 계속하다 보면 변화가 있을 것이라는 말도 덧붙였다. 다시 1년이 지난 후 확인해본 바에 따르면 정윤이와 재성이의 작업 기억 점수는 꽤 많이 향상됐고 놀랍게도 학업 성적에서도 개선이 이루어지는 중이었다. 평균 50점대에 머물던 재성이의 학업 성적은 60점 초반대로 향상됐으며, 정윤이의 경우 평균 70점대 중반에서 80점대 중후반으로 올라선 것이다. 게다가 학업 성적이 오르기 시작하면서 재성이와 정윤이는 다시 학습에 흥미를 느끼기

시작했다고 한다. 처음에는 자업 기억 훈련을 극도로 싫어하던 아이들도 스스로 달라지는 결과를 보면서 더욱 적극적으로 훈련에 나서게 됐다고 한다.

# 우리 뇌 속엔
# 보이지 않는 작업대가 있다

    이쯤 되면 작업 기억에 대한 궁금증이 커졌을 것이다. 도대체 작업 기억이란 무엇일까? 뇌과학 지식이 대중화되면서 작업 기억이라는 용어가 꽤 많이 사용되고 있지만, 아마도 그 의미를 정확히 아는 사람은 많지 않을 것이라 생각된다. 심지어 신경과학자나 심리학자 등 전문가들 사이에서도 작업 기억에 대한 해석이 제각각이다. 책을 읽어봐도 저자에 따라 작업 기억이 다양한 의미로 쓰인다. 그만큼 아직도 개념 정립에 혼란을 겪는 중인 용어다.

# 작업 기억의
# 정확한 의미

작업 기억은 영어로 '워킹 메모리working memory'라고 한다. 작업 기억이라는 용어는 '워킹 메모리'를 직역한 것인데, 이는 본래의 뜻을 다소 곡해할 여지가 있다. 보다 명확하게 표현하자면 '정보 처리 기억' 혹은 '정보 응용 기억'이라고 하는 것이 맞을 듯싶다. 즉, 작업 기억은 '정보를 의식적으로 처리하기 위해 제한된 시간 동안 정보를 기억하고 끄집어내어 활용하는 두뇌의 능력'을 말한다. 심리학자인 앨런 배들리는 1970년대 초반에 이 용어가 보편적으로 통용될 수 있도록 만들었다. 배들리는 작업 기억에 대해 '언어 이해, 학습, 추론이나 의사결정과 같은 복잡한 과제를 수행하는 데 필요한 정보를 조작하기 위한 임시 저장소를 제공하는 두뇌의 시스템'이라고 정의했다. 선뜻 이해가 가지 않으니 예를 들어서 차근차근 설명해보겠다.

가령, '23 곱하기 7'을 종이에 적지 않고 머리로만 계산한다고 해보자. 이때 종이에 계산 과정을 일일이 쓰면서 계산하지 않고 암산해야 한다면 어떻게 해야 조금 더 쉽게 계산할 수 있을지를 생각해야 한다. '23 곱하기 7'은 '20 곱하기 7'과 '3 곱하기 7'의 합이다. 이를 수식으로 표현하면 $23 \times 7 = (20 \times 7) + (3 \times 7)$이다.

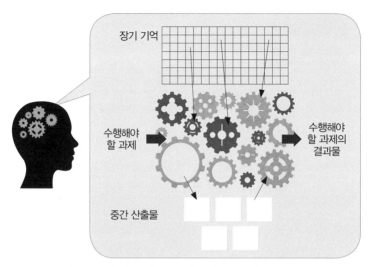

작업 공간은 머릿속에 계산을 할 수 있는 칠판이나 작업대,
혹은 메모장과 같은 공간이 펼쳐져 있는 것과 비슷하다.

이렇게 숫자를 나누게 되면 조금 더 계산이 쉬워진다. 그럼 이제
본격적으로 계산을 해보자. 20과 7을 곱하면 140이다. 3과 7을
곱한 값은 21이다. 그 다음, 140과 21을 더하면 최종 값은 161
이다. 이 계산을 틀리지 않고 하려면 다음과 같은 절차를 떠올
리고 그 절차대로 계산할 줄 아는 능력이 필요하다.

(1) 문제를 푸는 방법을 떠올리고
(2) 그에 맞게 구구단을 활용하여 각각의 숫자를 얻어낸 후
(3) 그것을 잠시 보관해두었다가

(4) 최종 합산히는 능력

이것이 바로 작업 기억이다. 비유하자면 작업 기억이란 마치 머릿속에 계산을 할 수 있는 칠판이나 작업대, 혹은 메모장과 같은 공간이 펼쳐져 있는 것과 비슷하다.

## 작업 기억은 단순한 기억력 그 이상이다

작업 기억이라는 용어에는 '기억'이라는 단어가 들어가기 때문에 대개 무언가를 잊어버리지 않고 저장해두는 '기억력' 정도로 오해하기 십상이다. 하지만 작업 기억에는 기억력 이상의 의미가 담겨 있다. 앞서 든 예시에서처럼 곱하기를 하기 위해서는 오래전에 배워서 장기 기억에 저장해두었던 구구단을 불러내어 활용해야 한다. 그 후 결과값을 얻는 데 필요한 일련의 조치를 취해야 한다. 즉, 두 번의 곱하기('20 곱하기 7', '3 곱하기 7')와 한 번의 덧셈('140 더하기 21')이 필요하다. 또한, 중간에 '140'과 '21'이라는 계산값을 잠시 저장해두기도 해야 한다. 이렇게 작업 기억은 장기 기억에 있는 내용을 불러내고, 그것을 이용하여 무언가

유용한 처리 과정을 거치며, 중간에 필요한 정보를 잊지 않고 저장해두는 일을 두루 포함한다. 한마디로 작업 기억이란 필요한 정보를 동원하고 그것을 처리하여 원하는 결과를 얻는, 보다 고도화된 지적 능력이라고 할 수 있다.

앞서 작업 기억을 머릿속에 펼쳐진 정보 처리의 작업대에 비유했다. 이 작업대에서는 나름의 방식대로 정보 처리가 이루어지고 결과물을 만들어낸다. 우리가 일을 마치고 나면 작업대를 깨끗하게 정리하는 것처럼 작업 기억 역시 필요한 과제를 수행하고 나면 아무것도 남기지 않고 깨끗하게 비워진다. 이 작업대는 사람마다 지문이 다르듯 그 크기와 성능이 모두 다르다. 어떤 사람은 크고 성능 좋은 작업대를 가지고 있는가 하면, 어떤 사람은 작고 성능도 시원찮은 작업대를 가졌다. 그 이유는 유전적 차이 때문일 것이다. 한편, 학년이 올라가면서 작업대가 지속적으로 커지는 사람도 있고, 발달이 더딘 사람도 있다. 이것은 유전적 차이와 더불어 성장 환경의 차이 때문일 것이다.

공부에 대해 우리가 하는 가장 많은 오해 중 하나는 무언가를 머릿속에 집어넣는 능력, 즉 암기력이 뛰어나면 공부도 잘하리라고 생각하는 것이다. 그러나 공부는 단순히 암기만으로 그치는 과정이 아니다. 공부를 잘하려면 물론 지식을 많이 아는 것도 중요하다. 이와 더불어 주어진 상황에서 기존에 가지고 있는 지시을 불러내어 목적에 맞게 결합하고 변형함으로써 원하는 결과를 얻을 수 있는 응용력이 필요하다. 문제가 주어졌을 때 올바르게 문제를 해결할 수 있는 과정을 떠올리고 그에 맞추어 필요한 정보들을 적절하게 활용할 수 있어야 한다. 그리고 이 모든 일들은 머릿속에 있는 작업대에서 이루어진다. 당연히 뇌 안에 존재하는 이 작업대의 성능이 뛰어나고 크기가 크며, 정보 처리 능력이 훌륭하고, 다룰 수 있는 정보의 양이 많을수록 학습에서 좋은 성적을 낼 수 있다. 그러므로 학업 성적을 높이기 위해서는 작업 기억 역량을 높이는 데 신경을 써야 한다.

# 학년이 올라갈수록 성적이 떨어지는 이유

여기 대조적인 두 아이의 사례가 있다. 민철이는 용모가 꽤 준수한 편인 데다 초등학교 시절 내내 선생님들의 사랑을 독차지할 정도로 공부를 잘했다. 부모님과 주위의 모든 사람들이 민철이가 중학교에 진학해서도 우수한 성적을 유지하리라는 점을 의심하지 않았다. 하지만 그러한 기대는 중학교에 진학하자마자 산산조각 나고 말았다. 초등학교와는 사뭇 다른 중학교 교과과정에 민철이는 버거움을 느꼈다. 이런 현실과 달리 부모님을 비롯해 주변 사람들의 기대는 전혀 수그러들지 않았기에 민철이는 심한 스트레스를 받았다. 이윽고 중간고사 결과가 발표되던 날,

민철이를 포함해 주위의 모든 사람들은 적지 않은 충격을 받았다. 민철이가 반에서 상위 20%에 들 정도의 성적을 거둔 것이다. 초등학교 6년 내내 우등생 자리를 놓치지 않았건만 기대에 미치지 못하는 민철이의 성적을 아무도 믿으려고 하지 않았다.

주엽이의 초등학교 시절 성적은 그리 두드러질 것이 없었다. 공부를 못하는 편은 아니었고 상위권에 속하긴 했지만 주위의 기대를 한 몸에 받을 만큼 두각을 나타낸 것은 아니었다. 공부보다는 노는 것을 더 좋아하는 듯 보였고 장난도 심해 선생님들로부터 꾸중을 받는 경우도 많았다. 자연스레 어른들도 주엽이의 학업 성적에 대한 기대가 별로 없었다. 다만 중학교에 진학하게 되면 교과과정을 따라가는 데 힘들 수 있을 것이라고만 생각했을 뿐이다. 하지만 중학교 진학 후 누구도 예상하지 못한 결과가 나타났다. 학업 내용을 따라가기 힘들어했던 민철이와 달리 주엽이는 수업 내용에 그리 부담을 갖지 않았다. 여전히 공부를 하는 둥 마는 둥 했지만 주위의 우려와 달리 좋은 성적을 거두었다. 여전히 상위권 성적을 유지했고 오히려 초등학교 시절에 비해 소폭이나마 오른 결과를 보여주었다.

초등학교 시절 두각을 드러내던 아이가 중학교에 진학하면서 성적이 떨어지거나, 중학교에서 우수한 성적을 거두던 아이들이 고등학교에 진학하면서 성적이 곤두박질치는 일을 어렵지 않게 찾아볼 수 있다. 지방 소도시에서 학교를 다니며 좋은 성적을 내다가 큰 도시로 전학을 가는 아이들의 경우에도 비슷한 일을 겪곤 한다. 초등학교에서 중학교로 진학할 때를 1차 변동 구간, 중학교에서 고등학교로 진학할 때를 2차 변동 구간이라고도 한다. 상당수의 아이들이 이 변동 구간에서 흐름을 타지 못하고 낙오하여 학업에 흥미를 잃거나 교과 내용을 따라가는 데 어려움을 겪는다. 반면에 초등학교나 중학교 시절에는 그리 두각을 나타내지 못했지만 상급 학교에 진학한 이후 꾸준히 자기 자리를 유지하거나 성적이 향상되는 아이들도 있다.

이러한 차이는 어디에서 비롯되는 것일까? 이런 경우 대개 부모들은 아이들 탓을 한다. 공부에 흥미를 잃고 친구나 이성 등 엉뚱한 것에 신경을 빼앗기거나 자신의 머리만 믿고 노력을 하지 않아서 성적이 떨어졌다고 여긴다. 민철이 엄마 역시 '애가 머리는 좋은데 그것만 믿고 노력을 하지 않는다'며 푸념을 늘어놓았다. 그도 그럴 수밖에 없는 것이 초등학생일 때는 대다수의 아이들이 공부에 어려움을 겪지 않는다. 게다가 학습 내용을 잘 이해했으니 상급 학교에서의 갑작스러운 성적 하락이 머리 탓이라고 생각하기가 어렵다. 그러다 보니 아이의 성적이 떨어지면 부모는 아이를 닦달하곤 한다. 부모와 아이 사이에 학업 문제로 갈등이 심해지는 시기도 바로 이때다. 아이는 아이대로 교과과정을 따라가지 못해 힘든데, 부모는 부모대로 아이의 어려움을 이해하지 못한 채 아이의 태도와 노력 문제로만 여기고 아이를 비난하다 보니 당연히 부모 자식 사이에 틈이 벌어질 수밖에 없다.

하지만 이는 큰 오해다. 상급 학교로 진학하면서 혹은 학년이 하나씩 올라가면서 학업 내용을 따라가지 못하고 성적이 떨어지는 것은 작업 기억 때문이다. 고학년이 될수록 학업을 통해 처리해야 하는 정보의 양은 복잡해지고 많아진다. 과제의 난이도도 높아진다. 그만큼 두뇌에서 처리해야 할 정보의 수준도 높고 그 양도 많아질 수밖에 없다. 게다가 단순히 지식을 묻는 문제보다 그 지식을 응용해서 풀어야 하는 문제들이 많아진다. 작업 기억이 그러한 변화를 받아들일 수 있어야 하는데 그렇지 못하면 교과 내용을 받아들이기 어려워지는 것이다.

## 작업 기억에 부하가 걸리면 수업을 따라가기 힘들어진다

100개의 블록을 이용하여 탑을 쌓는 일을 할 때와 1,000개의 크고 작은 블록을 이용하여 복잡한 성을 만드는 일을 할 때 요구되는 작업대가 같을 수는 없다. 과제가 단순할 때는 작업대가 작아도 상관없지만 복잡한 일을 할 때는 작업대가 충분히 커야 한다. 전체적인 작업 과정을 설명해놓은 칠판도 필요하고, 부품을 잃어버리지 않게 보관해둘 서랍도 필요하며, 중간 산출물을 보관해둘 공간도 필요하다. 학습도 마찬가지다. 다루어야 하는 정보가 적고 단순하며 지식 위주의 문제를 다루는 저학년 과정에서는 두뇌의 작업대가 크든 작든 상관없이 원하는 결과를 얻을 수 있다. 하지만 학년이 높아지면서 다루어야 할 정보가 많아지고 복잡해지며 응용을 필요로 하는 문제를 다루게 되면 작은 작업대를 가진 아이들은 학업 과정을 따라가기 힘들어진다. 작업 기억에 부하가 걸리기 때문이다.

학년이 올라가면서 어른들의 손길이 줄어드는 것도 영향을 미친다. 초등학교 저학년일 때는 공부를 도와주는 주위의 손길이 많다. 아이들이 잘 알아듣지 못할 것을 감안하여 선생님들은 학습 내용이나 과제 내용을 반복적으로 설명하곤 한다. 과제를 잊어버리지 않게 알림장에 받아쓰도록 하고 확인을 하거나 친절하게 유인물을 만들어 나누어 주기도 한다. 학년이 올라갈수록 그러한 도움이 줄어든다. 아이는 이제 혼자만의 노력으로 모든 정보를 처리해야 한다. 어릴 때는 '선생님, 이거 무슨 말이지 모르겠어요'라고 하면 선생님께서 친절하게 설명을 해준다. 선생님이 친절하게 문제 풀이를 도와주기도 한다. 하지만 학년이 높아짐에 따라 선생님들은 더 이상 그런 친절을 베풀지 않게 되고 아이 스스로 해결 방법을 찾아야 한다. 이러한 일련의 과정들은 작업 기억과 관련이 있으므로 작업 기억이 좋지 않으면 과제를 처리하기가 더욱 어렵게 되고 자연스레 성적이 떨어질 수밖에 없다.

많은 부모들이 오해하는 것처럼 아이들의 주의가 산만하거나 노력을 게을리해서 성적이 하락하는 것이 아니다. 뇌가 늘어난 정보, 더욱 복잡해지고 처리하기에 까다로워진 정보를 감당할 수 없게 됨으로써 학습에 집중할 수 없게 되고, 결과적으로 아무리 해도 안 되니 흥미를 잃고 노력을 등한시하게 되는 것이다. 누구나 열심히 노력해도 안 되면 포기하고 싶은 심정이 들게 마련이다. 그런 아이들에게 머리만 믿고 노력하지 않는다고 야단을 치는 것은 올바르지 않은 처사다. 아이가 자기 나름대로 노력을 함에도 불구하고 부모의 지지를 받지 못하면 아이 입장에서는 더욱 큰 좌절감을 느낄 수 있다. 자칫 잘못하다가는 완전히 학업에 흥미를 잃고 잘못된 길로 갈 수도 있다. 이런 아이들에게 필요한 것은 야단이 아니라 이해와 격려 그리고 학습 내용을 따라갈 수 있게 해줄 올바른 학습 방법이다.

# 작업 기억이
# 만들어지는 곳

조금 어렵긴 하지만 작업 기억에 대한 이해를 돕기 위해 뇌 이야기를 할 필요가 있다. 다소 어렵겠지만 알고 있으면 작업 기억을 이해하는 데 도움이 되는 정보들이다. 작업 기억은 우리 뇌의 어떤 부위와 관련이 있을까? 작업 기억이라는 말을 보편화시킨 앨런 배들리에 따르면 작업 기억은 크게 다음과 같은 세 가지 요소로 구분된다.

- 시각과 공간 정보 저장을 담당하는 '시공간 메모장'
- 언어 정보 저장을 담당하는 '음운 루프'

- 이들을 조율하는 중심 요소인 '중앙 관리자'

쉽게 말해 뇌 속에는 언어와 시공간 정보를 담당하는 별도의 기관과 중앙에서 정보를 처리하는 중앙처리장치가 있다. 작업 기억이 이렇게 세 가지 요소로 이루어진 것은 그와 관련된 두뇌 부위도 한 곳이 아님을 의미한다.

## 작업 기억에 관여하는 기관
## ① 전두엽

우선 뇌의 앞부분에 자리 잡고 있는 전두엽이 작업 기억에 관여한다. 특히 그중에서도 이마 맨 앞에 자리 잡고 있는 전두엽의 앞쪽, 즉 전前전두엽이 영향을 미친다. 여기에 두정엽 내고랑, 편도체와 해마 그리고 언어 기능을 담당하는 브로카 영역이 관여한다. 두정엽 내고랑은 정수리 쪽에 있는 영역으로 마치 밭의 고랑처럼 움푹 파인 부위를 가리킨다.

전전두엽은 작업 기억을 일으키는 본부라고 할 수 있다. 일반적으로 전전두엽을 '뇌의 CEO(최고경영자)'라고 하는데, 뇌의 다

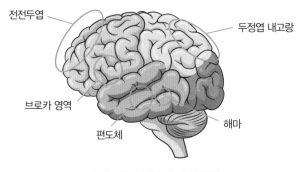

전전두엽

두정엽 내고랑

브로카 영역

편도체

해마

**작업 기억에 관여하는 뇌의 영역**

른 부위들을 통합·조정하는 일을 하며 다른 부위들로부터 정보를 받아들여 작업 기억이 그것을 활용할 수 있도록 한다. 앨런 배들리가 말한 '중앙관리자' 역할을 하는 곳이 전전두엽이다. 작업 기억을 활용할 때의 뇌를 영상으로 들여다보면 전전두엽 부위가 전구를 켜놓은 것처럼 밝게 빛나는 모습을 볼 수 있다. 이곳에서 뇌의 다른 부위로 정보를 내보내기도 하고 다른 부위에서 보내오는 정보를 받아들이기도 하기 때문이다. 이처럼 정보 처리에서 주도적인 역할을 하다 보니 이 부위의 기능이 떨어지면 작업 기억 능력도 저하될 수 있다. 즉, 작업 기억에서 핵심적인 역할을 하는 부위가 전전두엽이라는 말이다.

# 작업 기억에 관여하는 기관
## ② 두정엽 내고랑

두정엽 내고랑은 과학이나 수학적인 계산이 이루어지는 곳이다. 두정엽 내고랑의 기능이 떨어지면 과학이나 수학 문제 해결 역량이 저하된다. 약한 전류를 흘려보내 이 부위가 기능을 하지 못하게 만들면 '5 더하기 3'과 같이 간단한 수학 문제도 풀기 힘들어한다. 작업 기억 점수가 낮은 학생들은 수치 정보를 처리하는 능력이 부족해 수학 학습에서 좋은 점수를 얻지 못한다. 한 연구에 따르면 수학을 힘들어하는 학생들의 작업 기억 점수는 다른 아이들보다 낮다. 두정엽 내고랑은 뒤통수 쪽에 자리 잡고 있는 시각 피질과 연합해 시공간과 관련된 작업을 처리한다. 시공간이 무엇인지 궁금한 사람들은 레이븐스 매트릭스를 떠올리면 된다. 이는 지적 능력을 평가하기 위해 자주 사용하는 문제 해결 과제 중 하나로 적성 검사 등을 통해 접해본 경험이 있을 것이다.

다음 그림에서 피험자들은 굵은 선으로 테두리가 쳐진 직사각형 안의 두 줄을 보며 도형이 변화하는 패턴을 찾아낸 후, 마지막 줄에 적용하여 빈칸에 들어갈 모양을 찾아내야 한다. 이를 해결하기 위해서는 머릿속에서 각 도형을 변환시키며 적용된 규칙

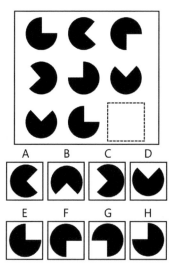

레이븐스 매트릭스 검사 중 일부

을 찾아내야 하고, 다음으로 그 규칙을 마지막 줄에 적용해 답을 찾아내야 한다.

이 문제에서는 도형을 우측으로 45도씩 돌리는 것이 규칙이다. 직사각형 안에 있는 맨 윗줄, 그리고 가운데 줄에 있는 도형들을 머릿속에서 돌려보며 그 규칙을 찾아내야 한다. 그리고 마지막 줄에 있는 도형들을 다시 머릿속에서 돌려보면서 45도를 돌렸을 때 최종적으로 어떤 모양이 될지를 떠올릴 수 있어야 한다. 이러한 것이 시공간적인 문제 해결인데 이와 같은 문제를 풀려면 전적으로 작업 기억에 의존할 수밖에 없다. 따라서 작업 기억이 좋을수록 이러한 문제를 쉽게 해결할 수 있는데 두정엽 내 고랑과 시각 피질 영역이 이런 기능과 연관되어 있다.

## 작업 기억에 관여하는
## 그 밖의 기관들

편도체는 뇌 안에 자리 잡고 있는 아몬드 크기의 감정 중추다. 이곳에서는 불안이나 두려움 등의 부정적인 감정을 주관한다. 편도체에서 생성된 불안이나 두려움과 같은 감정적 정보를 억제 해야만 안정된 상태에서 과제를 수행할 수 있는데, 이러한 감정 의 억제는 주로 전전두엽에서 이루어진다. 작업 기억이 감정 통 제를 하는 데 중요함을 알 수 있다. 해마는 학습이나 단기 기억 과 관련된 일을 수행하는 핵심적인 두뇌 부위다. 해마에 손상을 입으면 영화 〈메멘토〉의 주인공처럼 직전에 일어난 일을 기억하 기가 어려워진다.

마지막으로 브로카 영역은 언어중추다. 한 신경과학자에 따르 면 작업 기억이 뛰어날수록 문장을 읽고 이해하는 문해력이 높 으며 언어 학습 능력이 뛰어나다고 한다. 요즘 수능 문제는 긴 문장으로 출제되는 경향이 크다. 이렇게 문장으로 된 문제를 '문장제'라고 하는데 작업 기억 역량이 낮을수록 문제를 읽고 이해하는 능력이 떨어져 좋은 점수를 얻을 수 없다. 생각해보면 언어능력이 수학 문제를 해결하는 능력에도 영향을 미친다는 것을 알 수 있다. 수학 잘하는 아이로 키우기 위해 책을 많이 읽혀야하는 이유도 바로 이 때문이다.

# 작업 기억은
# 후천적으로 높일 수 있다

작업 기억 역량을 끌어올리면 학업 성적을 높일 수 있을까? 누구나 작업 기억 능력을 끌어올릴 수 있을까? 신경학자들 사이에서는 이에 대한 의견이 엇갈리기도 하지만, 대체로 작업 기억은 훈련을 통해 향상 가능하다는 주장이 강한 지지를 얻고 있다. 호주와 미국 등 다양한 나라의 학자들에 따르면 작업 기억을 훈련시키는 것이 유동성 지능을 높여주어 성적 향상에 도움이 될 수 있다고 한다.

2007년 KBS에서 방영된 〈스펀지 2.0〉에서는 '공부 잘하는 법'을 다룬 적이 있다. 당시 이 프로그램에서 다루었던 주요 내용은 작업 기억이다. 제작진은 대학생과 일반인을 모집한 후 작업 기억을 측정해 점수를 매겼다. 그중 점수가 하위권에 속한 사람들을 선발해 2주간에 걸쳐 작업 기억 훈련을 시켰는데 그 훈련 내용은 무척 간단했다. 한 벌의 트럼프 카드를 임의로 섞은 후 그중 7장의 카드를 뽑아낸다. 그 카드에 적힌 숫자를 일정 시간 동안에 걸쳐 암기한 후 순서대로 기억해내거나, 거꾸로 기억해낸다. 변형된 형태의 훈련, 즉 두 번째 카드와 세 번째 카드의 숫자를 합하거나 곱하면 얼마가 되느냐고 묻는 식의 훈련도 이루어졌다.

실험 참가자들이 2주간에 걸쳐 한 훈련은 이것이 전부다. 간단해 보이지만 이들이 한 훈련은 작업 기억을 자극하는 훈련이었다. 숫자를 거꾸로 맞추기 위해서는 카드에 나온 숫자들을 마치 모니터에 떠 있는 것처럼 머릿속의 작업대에 순서대로 나열해놓고 그것들을 거꾸로 생각해내야 한다. 이런 훈련을 2주에 걸쳐 실시하고 난 후, 다시 작업 기억 점수를 측정하자 이들의 성적은 평균적으로는 2배, 어떤 경우는 3배까지 오르기도 했다. 이 실험 결과에 따르면 작업 기억은 훈련을 통해 단련시킬 수 있다. 다만 이 실험에서는 작업 기억이 좋아진 것으로 인해 유동성 지능이나 더 나아가 학습 성적까지 좋아졌는지 여부는 알 수 없었다. 그러한 평가는 이루어지지 않았기 때문이다.

나 역시 2018년 3월부터 약 한 달에 걸쳐 5명의 중학생들을 대상으로 동일한 실험을 진행해보았다. 주위에서 5명의 학생을 모집한 후, 부모님들의 동의를 얻어 일주일에 5회, 하루에 30분씩 임의의 숫자 기억하기 훈련을 실시한 것이다. 훈련 효과를 입증하기 위해 훈련을 하기 전에 레이븐스 매트릭스 20문제를 풀도록 했다. 그리고 4주에 걸쳐 작업 기억 훈련을 실시했다. 훈련은 개인별로 온라인이나 전화를 통해 실시했는데 4주가 지나자 효과가 나타났다. 이 실험에서 점수를 측정하는 방법은 실험자인 내가 임의로 고안해낸 것이며, 훈련 전과 훈련 후의 레이븐스 매트릭스 문제가 동일했기에 이로 인한 학습 효과가 반영됐을 수 있다는 맹점이 있기는 하지만, 참고해볼 만한 결과다.

|  | 훈련 전 점수 | 훈련 후 점수 |
|---|---|---|
| 진호 | 45 | 50 |
| 영빈 | 40 | 45 |
| 혜진 | 40 | 50 |
| 승희 | 35 | 45 |
| 혜승 | 30 | 45 |

《넘치는 뇌》의 저자이자 스웨덴 인지신경과학자인 토르켈 클링베르그는 작업 기억 과제 훈련 프로그램을 설계한 후 50여 명의 ADHD(주의력결핍 과잉행동장애) 아동들을 대상으로 컴퓨터를 이용해 5주 동안 훈련하도록 했다. 5주에 걸친 훈련 결과, 훈련받은 집단의 작업 기억이 훈련을 받지 않은 대조군에 비해 18%나 향상됐고 그 효과가 3개월이 지난 후에도 계속됐다고 한다. 토르켈 교수는 문제 해결 능력과의 연관성을 검증하기 위해 작업 기억 훈련을 받은 아이들을 대상으로 레이븐스 매트릭스를 풀도록 했다. 그 결과, 훈련받지 않은 대조군이 2%의 향상을 나타낸 것에 비해 훈련받은 아이들의 성적은 10%나 향상됐다. 이는 유동성 지능이 향상된 것이라고 할 수 있는데, 작업 기억은 얼마든지 훈련에 의해 좋아질 수 있다는 것을 증명하는 결과다.

토르켈 교수 연구팀은 ADHD를 앓지 않는 청소년 11명을 대상으로 동일한 프로그램을 적용해 훈련을 하도록 했다. 그리고 훈련 기간 중 5일에 걸쳐 두뇌 활동을 MRI 영상으로 촬영했다. 5개월이 지나자 뇌의 구조에 유의미한 변화가 나타나기 시작했다. 바로 전두엽과 두정엽의 활성도가 높아진 것이다. 가장 큰 변화가 나타난 곳은 두정엽 내고랑이었다. 작업 기억에서 가장 중요한 역할을 담당하고 있는 두 부위가 활성화됐다는 것은 훈련을 통해 작업 기억이 좋아질 수 있음을 나타내는 증거라 할 수 있다. 국내에서도 ADHD 증상이 있는 아동들에게 작업 기억 훈련을 시킨 결과, 작업 기억 역량 자체가 높아진 것은 물론이고, 산만한 행동과 과잉 움직임이 개선됐다는 결과가 보고되기도 했다. 작업 기억과 주의력, 집중력은 상관관계가 있으므로 이러한 결과는 당연하다.

# 작업 기억을 높여주는
# 훈련법

작업 기억은 꾸준한 훈련을 통해 향상될 수 있다. 다음은 작업 기억 역량을 높여주는, 일상에서 쉽게 실천 가능한 훈련 방법들이다.

## 엔백 훈련

작업 기억 역량을 높이기 위해 할 수 있는 훈련 중 하나는 엔백n-back 훈련이다. 캘리포니아대학교의 수제인 재기 교수 등은 피신험자들을 모집한 후 훈련에 앞서 유동성 지능을 측정했다. 그 후 이들에게 8일, 12일, 17일 그리고 19일에 걸쳐 엔백 테스트를 실시했다. 엔백 테스트란 패턴 없이 나열되는 숫자나 도형, 소리를 잊지 않고 기억하고 있다가 n번째 이전에 제시된 것과 동일한지를 맞추는 것이다. 다음 그림에서 n이 3이라면, 두 번째 나오는 3은 세 번째 앞에서 제시된 숫자가 3이므로 '그렇다'가 된다. 8은 세 번째 앞에서 제시된 숫자가 5이므로 '아니다'가 되며, 두 번째 7은 세 번째 앞에서 제시된 숫자가 7이므로 '그렇다'가 되는 것이다.

$$3 \quad 5 \quad 7 \quad 3 \quad 8 \quad 7$$

엔백 테스트는 얼핏 무척 단순하고 쉬워 보이지만, n값이 커지면 답을 하기가 쉽지 않다. n이 2나 3 정도만 되어도 어느 정도 답할 수 있지만, n이 4를 넘어가게 되면 절로 짜증이 나는 경험을 하게 된다. 이 실험에서 훈련 기간이 길어질수록 n값도 커졌다. 처음에는 평균적으로 3-back 정도를 하던 실험 참여자들은 훈련 10일째가 되자 4-back을 하기 시작했고 19째는 5-back

에 도달했다. 즉, 처음에는 세 번째 앞에 나온 카드를 기억하는 것이 한계였던 사람들도 지속적인 훈련을 통해 19일이 지나자 다섯 번째 앞에 나온 카드까지 기억할 수 있게 된 것이다.

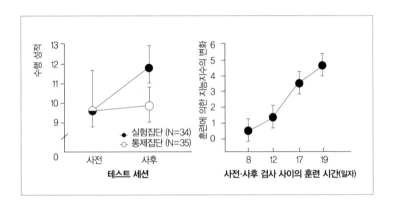

엔백 훈련이 끝난 후 다시 실험 참가자들의 유동성 지능을 측정하자 모두 향상된 결과를 나타냈다. 훈련 전의 결과와 비교할 때 10점 정도 상승한 것이다. 물론 엔백 훈련을 하지 않은 사람들도 다시 지능검사를 하면 점수가 오르는 결과가 나타나기도 한다. 테스트 유형에 익숙해지기 때문이다. 하지만 엔백 훈련 없이 시험만 다시 본 대조군의 점수는 4점 정도 상승하는 데 그쳤다. 산술적으로만 계산해보면 훈련에 의해 6점 정도가 더 상승한 셈이니 별것 아닌 듯 보이지만 아이큐가 100에서 106이 되면

상위 50%에서 34%로 바뀌게 된다. 그러므로 6점 상승은 대단히 큰 것이라 할 수 있다. 이렇게 훈련을 하면 그 효과가 3개월 후에도 지속된다고 한다. 엔백 훈련은 거창한 도구 없이 집에서도 쉽게 할 수 있고 혼자 숫자나 도형 카드를 만들어서 할 수도 있다. 물론 효율적인 측면에서는 누군가 도와주는 것이 바람직하다.

엔백 훈련 외에 앞에서 언급했던 〈스펀지 2.0〉에 나온 것처럼 카드를 이용해 훈련하는 것도 괜찮은 방법이다. 무작위로 카드를 뽑아 순서대로 외운 후 거꾸로 외우거나, 첫 번째 카드와 세 번째 카드의 숫자를 곱하거나, 카드 7장을 뽑아 거기에 나온 숫자를 모두 더하는 등 다양하게 응용할 수 있다. 한때 방송에서 많이 했던 '거꾸로 말하기' 같은 것도 작업 기억을 높이기 위한 좋은 훈련 방법 중 하나다. 예를 들어 '공책'은 '책공', '만년필'은 '필년만'으로 말하는 것인데, 이렇게 거꾸로 말하기 위해서는 단어를 머릿속에 떠올리고 마치 눈으로 보는 것처럼 주시하는 능력이 있어야 한다. 이러한 훈련도 '시공간 메모장'과 동일한 기능을 강화하는 훈련이다. 처음에는 두 글자, 그 다음에는 세 글자, 그 다음에는 네 글자로 글자의 수를 점점 늘려나가며 훈련하면 좋다. 훈련이 어려울수록 효과도 높다.

## 과제 전환 훈련

　과제 전환 훈련은 인지 유연성을 키우기 위한 것으로 한 가지 일에서 다른 일로 사고를 빠르게 전환하거나, 여러 가지 개념을 동시에 생각해내는 능력을 기르는 데 좋다. 예를 들어 다음과 같이 화면을 왼쪽과 오른쪽으로 나눈 후 양쪽에 각각 두 개의 숫자를 보여준다. 어떤 것은 아라비아숫자로 되어 있고 어떤 것은 한글로 쓰여 있다. 아라비아숫자가 쓰여 있으면 큰 수를 택하고 한글로 쓰여 있으면 작은 숫자를 택해야 한다. 여기서 든 예시에서는 '18'과 '십오'를 택해야 한다. 물론 규칙은 얼마든지 변경할 수 있다. 이처럼 제시되는 화면을 약 1~2초 간격으로 빠르게 바꿔가면서 규칙에 맞는 답을 찾는 훈련을 하는 것이다. 두 사람이 짝을 지어서 하거나 파워포인트와 같은 프로그램의 애니메이션 기능을 이용해 혼자서도 훈련할 수 있다.

| 18 | 12 |
|----|----|

| 이십삼 | 십오 |
|--------|------|

이 훈련에서 답을 찾기 위해서는 수가 아라비아숫자로 쓰였는지 한글로 쓰였는지를 파악한 후, 제시된 두 숫자를 보며 기준에 맞는 쪽이 어느 것인지 재빠르게 판단해야 한다. 1~2초의 짧은 시간 사이에 답을 찾아야 하므로 인지적으로 유연하지 않으면 답을 맞히기 어렵다. 이 훈련의 장점은 뇌의 주의를 한 가지 일에서 다른 일로 빠르게 전환시키는 것이다. 예를 들어 공부를 하다가 친구로부터 메시지가 왔을 때, 메시지 내용을 살펴보고 다시 공부하던 내용으로 돌아가기 위해서는 꽤 오랜 시간이 필요하다. 이 시간은 생각보다 많이 소요되는데 뇌가 쉽사리 주의 전환을 못하기 때문이다. 과제 전환 훈련을 통해 과제 전환 능력이 배양되면 수학 공부를 하다가 영어 공부를 한다거나, 전날 공부했던 내용에 이어 계속 공부를 할 때 이전에 공부했던 내용을 쉽사리 떠올림으로써 내가 지금 학습해야 하는 내용에 보다 빠르게 적응할 수 있게 된다. 즉, 과제 전환에 소요되는 불필요한 시간 낭비를 줄임으로써 시간을 보다 효율적으로 사용할 수 있다.

## 스트룹 테스트

스트룹 테스트<sup>stroop test</sup>는 게임에서도 많이 활용되는데 이 역시 일종의 과제 전환 훈련이다. 스트룹 테스트에서는 제시되는 단어의 음을 읽는 것이 아니라 색을 말해야 한다. 예를 들어 다음의 그림처럼 화면에 '갈색', '검정', '회색', '노랑' 등의 단어가 등장한다고 치자. 이때 각 단어의 색상은 다른 색으로 표현된다. 가령, 회색으로 '검정'이라는 단어가 쓰여 있다면, 이 단어를 보면서 '검정'이 아니라 '회색'이라고 말해야 한다. 갈색으로 '노랑'이라고 쓰여 있다면 '노랑'이 아니라 '갈색'으로 읽어야 한다. 보통은 단어의 색상이 아니라 단어 자체를 따라 읽으려는 경향이 있기 때문에 처음에는 이 훈련을 하면서 올바른 답을 말하기가 쉽지 않을 수도 있다. 많은 사람들이 스트룹 테스트를 할 때, 눈에 보이는 그대로 단어를 읽는 경우가 많다. 강의실에서 이 테스트를 해보면 단어가 제시되는 속도가 느릴 때는 어느 정도 제대로 답을 하지만, 단어가 제시되는 속도가 빨라질수록 틀린 답을 말하는 빈도가 많아진다. 앞서 제시한 다른 훈련들처럼 1~2초 사이에 단어가 빨리 바뀌도록 설정하고 훈련을 반복하면 과제 전환 훈련 효과를 얻을 수 있다.


**갈색**　　　　**검정**　　　　회색　　　　**노랑**

# 의미 단위 읽기

학습 성과를 높이기 위해서는 독해력과 문해력을 끌어올리는 것이 중요하다. 수능에서는 긴 문장으로 이루어진 지문들이 많이 출제된다. 따라서 수능에서 좋은 점수를 얻으려면 글을 읽으면서 바로바로 내용을 이해하고 그것을 분석해 문제 해결 방법을 찾아내는 역량이 반드시 필요하다. 이는 비단 국어나 영어 같은 과목에만 해당하지 않는다. 수학 문제를 풀 때도 독해력과 문해력은 무척 중요하다.

그림을 배워본 사람은 알겠지만 처음 그림을 배울 때 선생님께서 자주 하시는 말씀이 하나 있다. '눈에 보이는 만큼 그릴 수 있다.' 스케치북에 선을 짧게 그리는 사람은 그만큼 좁은 시야를 가진 것이고, 선을 길게 그리는 사람은 그만큼 넓은 시야를 가지고 있다는 의미다. 선을 짧게 그리면 전체적인 그림의 균형이 안 맞거나 선을 자꾸 그려야 하므로 선이 중첩되어서 보기 흉할 수 있다. 이런 이유로 미술 선생님들은 가급적이면 도화지나 캔버스를 넓게 보고 한 번에 길게 그리라고 지도한다. 글을 읽을 때도 마찬가지다. 글을 지나치게 짧게 끊어서 읽으면 의미를 파악하기 어렵고 자연스레 글 전체에 대한 이해력이 떨어질 수밖에 없다.

독해력을 키우는 가장 좋은 방법은 의미 단위로 끊어 읽는 것이다. 의미 단위란 낱글자나 단어 단위가 아니라 한 번에 읽는 글이 의미를 가진 문장 단위가 될 수 있는 덩어리를 말한다. 글을 읽을 때 우리 뇌는 눈을 통해 들어온 글자를 의미 있는 내용으로 변환하기 위해 복잡한 처리 과정을 거친다. 시각적인 정보를 언어중추에 전달해 의미를 분석한 후 전두엽을 거쳐 인지하는 과정이 순식간에 연속적으로 이루어진다. 만일 눈으로 읽어들인 글의 길이가 짧으면 그만큼 정보 처리가 수차례 일어나야 하며, 머릿속에 입력된 글이 완벽한 의미를 갖추지 못했기 때문에 인지 측면에서도 어려움을 겪을 수밖에 없다. 반면에 의미를 가진 구절 단위로 문장을 끊어 읽으면 언어중추에서 그 의미를 해석하는 것이 쉬워지고 따라서 인지 측면에서 유리해진다. 예를 들어 다음 문장을 살펴보자.

이때 **뺄셈**의 개념을 가르치면 아이는 덧셈을 배우기 전보다는 전문적인 수준, 즉 풀이속도가 **빠른** 수준이 됐기 때문에 약간의 사후과잉확신편향을 갖는다.

컬럼비아대학교의 리사 손 교수가 쓴 《메타인지 학습법》이라는 책에서 인용한 문장이다. 이 문장을 단어 단위로 처리하려면 무려 20번이 정보 처리 과정이 필요하다.

이때 / 뺄셈의 / 개념을 / 가르치면 / 아이는 / 덧셈을 / 배우기 / 전보다는 / 전문적인 / 수준, / 즉 / 풀이속도가 / 빠른 / 수준이 / 됐기 / 때문에 / 약간의 / 사후과잉 / 확신편향을 / 갖는다.

물론 이렇게 단어 단위로 문장을 끊어 읽는 사람은 없을 테지만, 읽는 습관에 따라 다음과 같이 의미 없이 끊어 읽는 사람들도 있다.

이때 뺄셈의 / 개념을 가르치면 아이는 덧셈을 배우기 / 전보다는 전문적인 수준, / 즉 풀이속도가 빠른 / 수준이 됐기 때문에 약간의 / 사후과잉확신편향을 갖는다.

의도적으로 이렇게 끊어 읽어보자. 그리고 문장을 다 읽고 난 후 무슨 의미인지 되새겨보자. 문장의 전체적인 의미를 이해하기가 쉽지 않을 것이다. 게다가 억지로 문장을 끊었기 때문에 자연스럽게 리듬을 타고 읽을 수가 없다. 부드럽게 읽히지 않고 과속방지턱을 넘는 것처럼 턱턱 숨이 막힌다. 이 문장을 다시 다음과 같이 끊어 읽어보자.

이때 뺄셈의 개념을 가르치면 / 아이는 덧셈을 배우기 전보다는 전문적인 수준, / 즉 풀이속도가 빠른 수준이 됐기 때문에 / 약간의 사후과잉확신편향을 갖는다.

이렇게 끊어 읽으면 자연스럽고 부드럽게 읽힐 뿐만 아니라 끊어 읽는 단위에서 최소한의 의미를 읽어낼 수 있다. 뇌에서의 정보 처리 횟수는 줄어들면서 즉각적으로 의미를 해석할 수 있으므로 그 내용을 인지하는 데 유리하다. 단어 단위로 끊어 읽는 것이 습관이 되면, 글을 읽고 나서도 문장의 의미가 이해되지 않는다. 반면에 문장을 의미 단위로 끊어서 읽으면 뇌에서 정보 처리 횟수가 줄어들고 자연스럽게 언어중추와 전두엽을 거치며 의미가 전달되어 인지능력이 향상되고 독해 수준도 높아진다. 그래서 이런 훈련을 거듭할수록 문장을 더욱 빨리 읽고 쉽게 이해할 수 있다.

이는 비단 국어 과목에만 해당하지 않는다. 영어 과목에서도 이런 훈련은 효과를 발휘한다. 국어는 모국어이기 때문에 단어 단위로 떠듬거리며 읽는다 해도 그 의미를 비교적 수월하게 이해할 수 있다. 하지만 영어와 같은 외국어는 의미 단위로 끊어 읽지 않으면 전체 문장의 의미를 이해하기가 정말 어렵다. 다음 문장을 한 번 살펴보자.

Ongoing sleep deficiency is linked to an increased risk of heart disease, kidney disease, high blood pressure, diabetes, and stroke.

이 문장은 참고 문헌에서 가져온 문장인데, 해석하면 '지속적인 수면 부족은 심장병, 신장병, 고혈압, 당뇨병, 뇌졸중의 위험 증가와 관련이 있다'라는 뜻이다. 영어 문장을 읽을 때 대다수의 사람들은 끊어 읽기의 원칙 없이 단어 단위 혹은 눈에 들어오는 단위로 끊어 읽을 것이다. 그래서 다음과 같이 읽을 수 있다.

Ongoing sleep / deficiency is linked to an / increased risk of / heart disease, / kidney disease, / high blood pressure, / diabetes, / and stroke.

그러나 이런 식의 끊어 읽기는 문장을 읽으면서 바로바로 해석하기 어렵게 만든다. 첫 문장의 첫 구절을 'Ongoing sleep deficiency'라고 읽으면 '지속적인 수면 결핍'이라는 의미를 이해하기 쉬워진다. 이렇게 영어 문장도 의미 단위로 끊어 읽는 연습을 하다 보면 독해가 더욱 쉬워진다. 이는 작업 기억을 충분히 활용하는 방식이기도 하다. 따라서 이런 연습을 꾸준히 오래 하다 보면 작업 기억과 언어능력이 동시에 향상되며 국어나 영어는 물론 수학 성적도 올라갈 수 있다.

의미 단위로 끊어 읽기 훈련과 함께 권하고 싶은 것 중 하나는 책을 보며 문장을 옮겨 쓰는 필사다. 국어책이든 영어책이든 책을 펴고 한두 쪽 정도의 내용을 빈 노트에 옮겨 적어보자. 이때 글자를 토씨 하나 틀리지 않고 정확하게 옮겨 적는 것이 중요하다. 필사를 하기 위해서는 책의 내용을 일정 부분 머릿속에 기억한 후 그 내용을 빈 종이에 옮겨 적어야 한다. 이때 의식적으로 노력하지 않으면 한 번에 머릿속에 담는 내용이 짧아진다. 그만큼 자주 원문을 들여다봐야만 한다. 반면에 한 번에 머릿속에 담는 내용의 길이가 길어지면 그만큼 원문을 보는 횟수가 줄어든다. 이런 훈련을 거듭하다 보면 기억의 폭이 확대되고 글을 읽는 게 수월해지며 문장 이해력도 높아진다.

## 기억 폭 확장 훈련

이 훈련은 치매를 판별하는 검사 방법으로도 활용되고 있는데 작업 기억에 인지적 부담을 가함으로써 처리 효율성을 증가시키는 훈련이다. 비슷한 테스트가 지능검사에도 활용되고 있는데 그 방법은 다음과 같다.

(1) 학습자 수준에 맞추어 어렵지 않은 임의의 단어를 제시하고 기억하게 한다.

(2) 임의의 명제를 문장으로 제시하고 참인지 거짓인지 판별하게 한다. 예를 들어 '무지개는 일곱 가지 색을 가진다'라는 문장을 제시하는 것이다. 이때 제시된 문장을 듣자마자 바로 답하게 한다.

(3) 다시 임의의 단어를 제시하고 암기하게 한다.

(4) 다시 문장으로 이루어진 명제를 제시하고 참인지 거짓인지 판별하게 한다.

(5) 이러한 과정을 몇 차례 반복한다.

(6) 단어가 제시된 순서대로 떠올리고 그것을 말하거나 기록하게 한다.

더욱 구체적으로 예를 들어보면 다음과 같다.

1. 설탕
2. 5 곱하기 8은 40이다. (참 또는 거짓 판별)
3. 장미

4. 중국의 수도는 상해다. (참 또는 거짓 판별)

5. 구름

6. 꽃은 봄에만 핀다. (참 또는 거짓 판별)

7. 선풍기

8. 해는 동쪽에서 떠서 서쪽으로 진다. (참 또는 거짓 판별)

9. 비행기

10. 빛의 3원색은 빨강, 초록, 파랑이다. (참 또는 거짓 판별)

이 예시에서 학습자는 2, 4, 6, 8, 10번 문장이 참인지 거짓인지 대답해야 한다. 그리고 10번 문제가 끝났을 때 '설탕-장미-구름-선풍기-비행기'를 순서대로 떠올려야 한다. 이 훈련은 단어들을 쉽게 암기할 수 없도록 중간에 참 혹은 거짓으로 판별할 수 있는 명제를 집어넣는 것이 핵심이다.

어릴 때 친구들과 하던 게임도 작업 기억에 도움이 될 수 있다. 여러 사람이 돌아가면서 단어를 하나씩 말하면 뒷사람은 앞사람이 말한 단어까지 포함해 반복하는 게임이다. 네 사람이 게임을 한다고 해보자. A가 '사슴', B가 '기차', C가 '구름', D가 '버섯'을 말한다면, A는 '사슴', B는 '사슴-기차', C는 '사슴-기차-구름', D는 '사슴-기차-구름-버섯'의 식으로 앞사람이 제시한 단어를 반복하는 것이다. 이 과정을 A-B-C-D-A-B-C-

D 순으로 순환하며 반복하다 보면 인지적인 부하가 걸리게 되고 작업 기억에도 영향을 미치게 된다. 이러한 훈련이 작업 기억을 드라마틱하게 향상시켜주지는 않겠지만 꾸준히 훈련을 한다면 뇌에서 한 번에 받아들일 수 있는 정보의 폭을 넓혀줄 뿐만 아니라 앞서 말한 것처럼 문장을 길게 읽을 수 있는 역량도 더불어 길러질 수 있다.

## 카드 짝 맞추기

이 게임은 아마도 많이 해봤을 것이다. 규칙은 간단하다. 두 개씩 짝을 이룬 카드를 뒤집어 놓고 한 번씩 뒤집으며 같은 모양의 카드를 맞추는 게임이다. 예를 들면 10쌍의 카드 20장을 앞면이 보이지 않도록 뒤집어 바닥에 늘어놓는다. 플레이어는 한 번에 2개의 카드를 뒤집는다. 두 카드의 그림이 일치하면 카드를 바닥에서 제외한다. 플레이어는 서로 다른 카드가 어디에 있었는지 위치를 기억해두었다가 짝을 맞춰 뒤집으면 된다. 모든 카드가 바닥에서 사라지면 게임이 끝난다.

처음에는 카드의 숫자를 적게 했다가 갈수록 카드를 늘려나가면서 난이도를 높여간다. 온라인을 통해서도 쉽게 이러한 방식

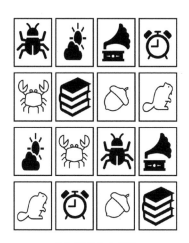

**카드 짝 맞추기 예시**

의 게임을 찾을 수 있으며 트럼프 카드를 이용해 임의로 만들 수
도 있다.

# 독서는 작업 기억을 높여주는 최고의 방법이다

독서는 작업 기억을 높이는 가장 효율적인 방법으로 지금까지 언급한 작업 기억 훈련 방법 중 가장 효과가 뛰어나다. 그럼에도 불구하고 이 내용을 마지막으로 소개하는 이유는 《공부머리 독서법》이라는 아주 좋은 책이 있기 때문이다. 이 책에는 독서가 어떻게 학업 성적을 올려줄 수 있는지에 대한 설명이 아주 자세히 나와 있으므로 관심이 있는 독자라면 꼭 한 번 읽어보길 권한다. 《공부머리 독서법》에는 작업 기억이라는 용어가 등장하지 않지만 책을 읽다 보면 결국 책 읽기가 작업 기억을 끌어올리는 가장 좋은 수단임을 자연스럽게 깨우칠 수 있을 것이다.

# 독서가 작업 기억을
# 높여주는 이유

책 읽기가 작업 기억 역량을 높이는 데 좋은 이유는 두뇌의 전영역을 고르게 활성화시키고 신경 회로의 연결을 강화화기 때문이다. 워싱턴대학교 연구팀에 의하면 책을 읽을 때 뇌의 다양한 부위들이 활성화되는데 아주 쉬운 책을 읽을 때조차 17개 영역이 관여한다고 한다. 독서는 인쇄된 글자를 눈을 통해 읽어 들이는 시각적 행위이므로 독서를 할 때 시각 피질이 위치한 후두엽, 즉 머리 뒤통수 부분이 활성화된다. 이 영역이 발달하면 시각적 자극이 강해져서 상상력과 창의력이 높아지고 의사결정 수준도 높아진다.

독서를 할 때는 두정엽도 활성화되는데 이 영역은 글자를 단어로 변환하고 다시 그것을 사고로 전환하는 역할을 한다. 책을 많이 읽는 아이들은 글을 읽고 그 내용을 사고로 옮기는 역량도 높아질 수 있다. 독서량이 많은 아이들은 그렇지 않은 아이들에 비해 사고의 폭이나 깊이가 뛰어나다. 사고의 폭과 깊이가 뛰어날수록 응용문제에 대한 해결력이나 문장제를 풀이하는 능력이 높아질 수밖에 없다. 또한, 두정엽은 귀 부근에 위치한 측두엽과 연계해 정보 저장 능력을 높여주는데 이로 인해 이해력도 향상된다. 한 연구에 따르면 어려서부터 책을 많이 읽은 아이들은 언어중추가 있는 좌측 측두엽이 크게 발달해 있다고 한다.

독서를 많이 하면 언어중추가 발달할 뿐만 아니라 감각영역도 활성화된다. 책을 읽으면서 '비단처럼 부드러운 머릿결', '레몬향', '시큼한 맛' 등 감각을 느낄 수 있는 단어를 접하면 두뇌의 감각영역이 활성화된다. 또한, '뛰다', '던지다' 등 운동을 표현하는 단어를 보게 되면 운동영역이 활발하게 움직인다. '두려움을 느꼈다'나 '짜릿한 쾌감이 온몸을 감쌌다'라는 감정적인 내용을 보면 감정의 뇌가 반응한다. 따라서 책을 읽는 것만으로도 두뇌를 고르게 사용하는 효과가 있다. 소설과 같은 픽션은 다른 사람의 입장을 이해하는 능력을 높여줌으로써 공감 능력이 올라가고 사회성도 높아질 수 있다. 공감 능력이 높아지면 문제에 대한 이해력이 더불어 올라갈 수 있다.

책 읽기는 성장기 아이들의 정서와 지적 능력 발달에도 큰 영향을 미친다. 사람은 자신이 표현 가능한 언어의 수준 내에서만 사고하고 행동할 수 있다. 자신의 언어로 표현할 수 있는 범위를 넘어서는 사고를 하기는 어렵다. '고양'이나 '회한', '점철'과 같은 단어를 모르는 아이들은 이러한 개념들을 사고로 떠올릴 수 없고 이 개념들을 아는 아이들에 비해 사고 역량이 떨어질 수밖에 없다. 다시 그러한 제약은 어려운 책을 읽고 해석하는 데 영향을 미친다. 까다로운 지문을 읽고 술술 이해하는 아이들과 그렇지 못하고 문제 해석에만 에너지를 소모하는 아이들 사이에는 이러한 차이가 있다. 그러므로 수준에 맞은 책을 읽는 것만으로도 문제 자체에 대한 이해력이 높아질 수 있다.

독서는 개념화 능력을 높여주는 데도 도움이 된다. 개념화란 글을 읽고 그 내용을 머릿속에서 체계적으로 정리해낼 수 있는 능력을 말한다. 개념화 능력이 떨어지면 문제를 읽고도 그 내용이 무엇을 의미하는지 해석하지 못할 수 있다. 이렇게 되면 소위 '꼬아서 낸 문제'나 긴 지문을 가진 서술형 문제는 풀기 어렵다.

책 읽기는 학습이나 기억과도 밀접한 관계가 있는데 자신의 언어로 표현한 것들은 그렇지 못한 것들에 비해 이해하기 쉽고 장기 기억에 오래 남아 있을 가능성이 크기 때문이다. 책을 읽고 이해한 내용이나 자신의 생각을 자기 언어로 변환하는 과정에서 아이들은 자신만의 의미 형성 과정을 거치게 되고 기억에 더욱 공고하게 저장할 수 있는 것이다.

독서는 단순히 활자로 된 책을 읽고 이해하는 행위 그 이상이다. 독서는 두뇌의 전 영역을 활성화하고 신경 연결을 강화시키는 수단이므로 독서 수준이 높아질수록 작업 기억과 관련된 두뇌 부위의 활동도 더욱 활발해진다. 즉, 책을 읽어서 성적이 좋아졌다기보다는 책을 읽음으로써 작업 기억 역량이 높아져 성적도 덩달아 오르는 것이라고 보는 편이 훨씬 타당하다. 독서가 좋은 이유는 책을 읽기만 하면 되므로 별도로 시간을 내어 훈련할 필요가 없다는 점이다. 작업 기억을 높이려면 꽤나 강도 높은 훈련이 필요하다. 하지만 독서는 별도의 훈련 없이도 작업 기억을 높일 수 있는 가장 확실하고 바람직한 방법이다. 그러므로 아이가 학년이 올라가더라도 성적 하락 없이 꾸준히 공부를 잘하길 바란다면 늘 책을 가까이 하게 만들어야 한다.

## 책, 이렇게 읽어야 학습 효과가 있다

책을 읽을 때는 조용히 읽는 것보다 소리 내어 읽는 것이 바람직하다. 소리 내어 책을 읽으면 조용히 읽는 묵독에 비해 더욱 많은 두뇌 부위가 활성화되어 텍스트 이해 능력, 즉 문해력이 높아지기 때문이다. 또한, 책을 소리 내어 읽으면 뇌의 시각적 부위는 물론 감각영역과 운동영역 등 다양한 부위가 협응해야 하므로 집중력이 좋아지고 기억력도 향상된다. 그러므로 책을 읽을 때는 큰 소리로 또박또박 발음을 하며 읽는 것이 좋다.

다만, 주의할 점은 자신의 연령에 맞거나 그보다 높은 수준의 책을 읽어야 한다는 것이다. 자신의 연령 수준보다 낮은 수준의 책은 작업 기억 역량을 향상시키는 데 도움이 되지 않는다. 운동을 할 때 지나치게 수월하면 건강에 도움이 되지 않는 것처럼 수준에 맞지 않는 책은 작업 기억 역량을 높이는 데 기여할 수 없다. 그렇다고 지나치게 어려운 책을 읽어서도 안 된다. 독서에 흥미를 잃어 평생 책을 멀리하거나 자신감의 결여를 가져올 수 있기 때문이다. 따라서 자신의 연령 수준에 맞추거나 그보다 한두 단계 높은 수준의 책을 읽는 것이 바람직하다. 또한, 만화처럼 전체 내용을 세세히 인식하지 않고 그림처럼 통째로 인식하는 책은 그리 바람직하지 않다. 만화로 된 책(그림과 글이 함께 있는 책)은 시각적인 두뇌 활동이 주를 이루기 때문에 사고의 폭이나 깊이를 더하기 어렵다.

지금까지 작업 기억 역량을 향상시키는 몇 가지 훈련 방법을 살펴보았다. 방식은 조금씩 달랐지만 이러한 방법들의 공통점은 뇌 안에 존재하는 보이지 않는 정보 처리 작업대의 크기를 키우고 두뇌의 각 부위 간 신경 연결을 강화함으로써 정보 처리 기능을 높여주는 활동이라는 점이다. 연구에 따르면 작업 기억 용량은 열 살이 될 때까지 가장 폭발적으로 증가한 후 30세까지 꾸준히 증가해 30세쯤 정점에 도달한다고 한다. 이후 나이가 들면서 자업 기억 용량은 차츰 줄어든다. 전두엽이 20대 중반에서 30세 사이에 발달의 정점을 이룬 후 퇴화하기 시작하는 것과 연계해 생각해보면 전두엽의 발달과 작업 기억의 발달이 비례함을 알 수 있다. 30세에 이르기까지는 작업 기억 역량은 꾸준히 발달할 수 있다고 하니 학업 성적을 높이기 위해서는 공부와 함께 작업 기억을 발달시키는 훈련을 병행하는 것이 바람직하다.

작업 기억을 발달시키는 훈련을 할 때 한 가지 유념해야 할 것은 훈련에 많은 노력을 쏟아야 한다는 것이다. 전문가들은 작업 기억 역량을 높이기 위한 훈련이 어렵고 힘들어야 한다고 말한다. ADHD 증상이 있는 아이들을 대상으로 훈련을 하면서 한 그룹은 능력의 한계를 느낄 만큼 많은 정보량을 제시해 작업 기억 과제를 수행하도록 했다. 반면에 대조군은 커다란 노력 없이 설렁설렁 할 수 있는 과제를 수행하도록 했다. 그 결과, 대조군에서는 작업 기억의 향상이 거의 일어나지 않았지만 힘들게 훈련한 그룹은 유의미한 변화가 나타났다. 힘들게 훈련한 그룹의 경우 5주 동안 일주일에 5일, 하루 30분 이상 훈련을 했다. 이 실험 결과에서도 알 수 있듯이 작업 기억을 높이고자 하는 목적이 확고하다면 절대 설렁설렁 훈련해서는 안 된다. 물론 꾸준히 해야 함은 두말할 필요도 없다.

# 2장

## 메타 인지가
## 뛰어난 아이가
## 공부를 잘한다

# 상위 0.1% 아이들은
# 모두 '이 능력'을 가졌다

 

종오, 지영이, 상준이는 같은 학교에 다니는 중학교 3학년 아이들이다. 시험을 보기 전과 후, 아이들에게 예상 시험 점수를 물어보면 늘 비슷한 경향을 보인다.

"종오야, 이번 시험은 잘 봤니?"

이렇게 물으면 종오는 늘 시험을 잘 봤다고, 좋은 점수를 받을 것처럼 얘기하곤 한다. 단 한 번도 자신이 없다거나 시험을 못 봤다고 말하는 걸 본 적이 없다. 하지만 막상 점수를 받아 보면 그에 못 미치곤 한다. 어떤 경우에는 자신이 실제 받은 점수보다 20점 정도 높게 예상한 경우도 있다. 똑같은 질문을 지영이에게 던지면 약간 머뭇거린다. 지영이는 종오보다 낫긴 하지만 역시 자신이 예상한 점수와 실제 점수 사이에 차이가 나는 편이다. 일 반적으로는 실제 시험 점수가 예상 점수를 밑돌곤 한다.

반면에 상준이는 시험을 잘 봤느냐는 질문에 망설임 없이 확 신을 가지고 대답하는 편이다. 시험을 잘 볼 때도 있고 못 볼 때 도 있지만, 종오나 지영이와 비교했을 때 상준이의 예상 시험 점 수와 실제 시험 점수는 그리 큰 차이가 없다. 차이가 난다고 해 도 5점 이내로 다른 두 아이들에 비해 편차가 거의 없는 편이다.

이 세 아이의 학교 성적은 어떨까? 가장 뛰어난 성적을 나타내 는 아이는 상준이다. 학급에서 늘 1, 2등을 다투고 전교에서도 꽤 높은 석차에 올라 있다. 초등학교 때부터 중학교 3년 내내 우등생 자리를 놓치지 않았다. 지영이는 상위권에서 아래쪽에 자리 잡고 있으며 종오는 중상위권 수준이다. 아이들의 성적을 시험 점수 를 예측한 결과와 연결시켜보면 한 가지 특징이 있다. 성적이 뛰 어난 아이들일수록 자신의 실제 점수를 비교적 정확하게 예측하 는 반면, 성적이 뛰어나지 않은 아이들은 자신의 점수를 실제 받 을 수 있는 것보다 부풀려 예측한다는 것이다. 이 아이들이 자신 의 예상 점수를 의도적으로 부풀리는 것은 아니다. 자신의 실력 이 어느 수준인지 정확히 알지 못하기 때문에 그 정도 점수를 받 을 수 있다고 착각함에 따라 실제 점수보다 부풀려지는 것이다.

# 성적이 뛰어난 아이들은
# 자신의 실력을 정확히 안다

공부를 잘하는 아이들과 그렇지 않은 아이들은 공부 전략이 다르다. 가장 큰 차이는 바로 스스로의 실력을 아는 것과 모르는 것에 있다. 공부를 잘하는 아이들은 자신의 실력에 대한 파악이 잘 이루어져 있지만, 공부를 못하는 아이들은 그렇지 못하다. 그래서 공부를 잘하는 아이들은 자신이 모르는 것을 집중적으로 공략해 공부하지만 성적이 좋지 않은 아이들은 별다른 전술 없이 '무턱대고' 공부를 한다. 별것 아닌 것 같지만 이러한 사소한 차이가 학업 성적의 큰 차이를 가져온다.

오래전 EBS에서 〈교육대기획: 학교란 무엇인가〉라는 10부작 프로그램을 방영한 적이 있다. 이 중 '0.1%의 비밀' 편에서는 전국 164개 학교에서 0.1% 안에 드는 800명과 일반 학생 700명을 대상으로 공부를 잘하는 비결이 무엇인지 다루고 있다. 제작진은 평범한 학생들과 뛰어난 성적을 거두는 학생들 사이에 어떤 차이가 있는지 알아내기 위해 검사해보았는데 두 집단의 아이들의 아이큐나 부모들의 경제력, 학벌, 환경 등에는 별 차이가 없었다. 지능도 비슷하고 자라난 환경도 비슷함에도 불구하고 분명 두 집단의 성적에는 차이가 났다. 그 이유가 무엇일까? 그것은 다름 아닌, 자신의 실력을 알고 있는지 여부였다.

공부에 관한 이야기를 할 때마다 빠지지 않고 꼭 등장하는 용어가 있는데 바로 메타 인지다. 앞에서 언급한 실험에서 두 집단 사이에 성적 차이를 가져온 요인은 메타 인지였다. 메타 인지가 뛰어난 아이들은 성적이 좋았던 반면, 메타 인지가 떨어지는 아이들은 비슷한 아이큐와 성장 환경을 가지고 있음에도 불구하고 상위권 성적을 얻지 못했다. 메타 인지가 학습 성과에 중요한 영향을 미친다는 사실은 이제 꽤 많이 알려졌다. 그러나 대다수의 사람들이 메타 인지라는 용어는 알고 있더라도 그것이 정확히 무엇을 의미하는지, 왜 그것이 성적과 관련되어 있는지, 메타 인지를 성적을 올리는 데 어떻게 활용할지에 대해서는 잘 모른다. 메타 인지는 작업 기억만큼이나 학업 성적을 개선하는 데 중요한 요소임에도 불구하고 말이다.

메타 인지meta-cognition는 '더 높은', '초월한'이라는 의미의 접두어 'meta'와 '인지'라는 의미의 단어 'cognition'이 결합해 만들어진 단어다. 이를 한국어로 번역하면 '초超인지' 혹은 '더 높은 차원의 인지'라고 할 수 있다. 즉, 메타 인지는 '인지보다 높은 차원의 인지' 혹은 '한 차원 높은 인지'를 가리킨다. 자신이 '무엇인가를 행하고 있는 상황에서 그 행위를 인지하는 것', 마치 제3자가 옆에서 자신을 보는 것처럼 객관적인 입장에서 스스로를 바라볼

줄 아는 것이 메타 인지다.

　일반적인 인지 활동이 단순히 지식을 이해하고 받아들이는 것이라면, 메타 인지는 자신의 지적 상태를 객관적으로 파악하고 그것을 문제를 해결하는 데 적절하게 활용할 수 있는 능력이다. '자기 성찰 능력'이라고도 불리는 메타 인지가 성적 향상의 핵심인 이유는 지식을 아는 것에서 끝내는 것이 아니라 스스로 자신의 실력이 어떤 상태에 있는지 객관적으로 돌아보고 앞으로 취해야 할 대응 전략을 세우도록 만들어주기 때문이다.

# 한 번 틀린 문제는
# 왜 자꾸 틀릴까?

호준이와 정우는 유치원 시절부터 알고 지낸 절친이다. 둘은 어디에서 무엇을 하든 늘 함께 했지만 공부 스타일만큼은 전혀 다르다. 호준이는 엄청난 노력파다. 친구들과 어울리는 시간을 제외하면 늘 책상 앞에 앉아 공부를 한다. 책을 보고 또 보며 이미 공부한 내용도 반복해서 다시 살펴보는 편이다. 모든 내용을 처음부터 끝까지 빼놓지 않고 반복해서 보기 때문에 공부할 내용이 너무 많아 버겁다고 한다. 호준이의 공부 전략은 모든 과목을 빠짐없이 철저하게 반복하는 것이다.

정우의 공부 스타일은 전혀 다르다. 정우는 반복 학습을 하기보다는 주로 문제를 푸는 스타일이다. 어떤 과목이든 공부를 하고 나면 관련된 문제를 찾아 풀어보고, 틀린 것이 있으면 그 내용만 다시 학습하는 식이다. 그리고 다시 또 문제를 푼다. 만일 같은 유형의 문제를 연속으로 틀릴 경우에는 그 문제를 왜 틀렸는지 집요하게 파고든다. 그러다 보니 호준이가 하루 종일 책상 앞에 앉아 공부하는 것과는 달리 정우는 여유가 있어 보인다. 모르는 것만 공부를 하면 되니 시간에 쫓기지 않는다. 그래서일까? 정우는 호준이와는 달리 공부하는 게 그리 힘들지 않다고 말한다. 정우의 공부 전략은 자신이 모르는 것을 찾아 공부해서 궁극적으로는 모르는 것이 없도록 만드는 것이다.

그렇다면 두 사람의 성적은 어떨까? 놀랍게도 죽어라 앉아서 공부만 하는 호준이보다 쉬엄쉬엄 하는 것처럼 보이는 정우의 성적이 뛰어나다. 열심히 공부를 함에도 불구하고 호준이는 실수가 잦은 편이다. 헷갈려서 틀리는 문제도 많고, 처음 대하는 문제 유형에 당황해서 실수하는 일도 적지 않다. 때로는 예전에 틀렸던 문제를 다시 또 틀리기도 한다. 반면에 정우는 시험에서 실수가 거의 없는 편이다. 문제 풀이에 익숙해진 덕분에 변형된 유형의 문제가 출제되어도 당황하지 않고 수월하게 문제를 풀어나간다. 한 번 틀렸던 문제를 다시 틀리는 일도 거의 없다. 두 학생의 전혀 다른 공부 스타일은 곧 두 사람의 성적 사이에 차이가 나도록 만드는 요인이기도 하다.

## 메타 인지는
## 효율적인 학습 전략의 시작이다

공부를 잘하는 아이들과 그렇지 않은 아이들 사이에 나타나는 큰 차이 중 하나는 공부 전략이다. 공부를 잘하는 아이들은 자신만의 학습 전략이 뚜렷하다. 이 아이들은 알고 있는 내용에는 거의 시간을 할애하지 않고, 이해가 잘 안 되거나 미처 모르던 부분에 집중적으로 시간을 들여 공부한다. 암기가 잘 안 되거나 이해가 안 되는 부분은 다양한 접근 방식을 시도하며 그 문제를 해결하는 데 노력을 쏟는다.

반면에 공부를 못하거나 노력에 비해 성적이 잘 나오지 않는 아이들은 뚜렷한 학습 전략이 없는 경우가 많다. 무턱대고 자리에 앉아서 학습 내용을 무자비할 정도로 머릿속에 욱여넣거나, 알든 모르든 무조건 처음부터 학습 내용을 반복한다. 그러다 보니 교과서나 참고서의 앞부분만 새까맣고 뒤로 갈수록 깨끗하다. 심지어 이해가 안 될 때도 무조건 암기하고 보는 식의 잘못된 학습을 하는 경우도 많다.

수능과 같이 큰 시험을 앞두고 장기적으로 집중과 노력이 필요한 공부를 해야 하는 아이들의 경우 자신만의 맞춤식 학습 전략이 있는 것과 없는 것이 결과에 큰 차이를 가져온다. 늘 시간에 쫓기는 아이들의 입장에서 뚜렷한 학습 전략이 없으면 막무가내식으로 공부를 하게 되는데 이는 효율을 엄청 갉아먹는다.

이미 알고 있는 내용에 시간을 투입하기보다는 모르는 것, 이해가 안 되는 것, 어렴풋이 알고 있는 것 등에 보다 많은 시간을 투입하는 편이 낫다. 즉, 어느 과목에 가장 많은 시간을 투입해야 하는지, 이해가 부족한 부분은 어떻게 이해를 높일 것인지, 이미 알고 있는 내용을 잊지 않기 위해서는 어떻게 해야 할 것인지 등 효과적으로 성적을 올릴 수 있는 현실적인 전략이 필요하다. 그러한 전략 세우기는 자신을 객관적으로 보는 것으로부터 시작된다.

## 메타 인지의 핵심은 성찰과 대응의 선순환

메타 인지는 다음의 두 단계로 나뉜다.

(1) 자신이 알고 있는 것과 ㅁㄹㄱ 있는 것을 확실히 파악하는 **'성찰'**

(2) 알고 있는 것과 모르는 것에 대해 어떻게 대응할 것인지 전략을 수립하는 **'대응'**

공부를 잘하는 아이들은 '성찰'과 '대응' 모두 뛰어나다. 앞서 종오와 지영이, 상준이의 예처럼 공부를 잘하는 아이들은 시험을 본 후 몇 점이나 얻을 수 있을 것 같으냐는 질문을 던지면 실제 점수와 큰 차이가 없는 점수를 예측한다. 즉, 예상한 대로 점수가 나오는 경우가 많다. 반면에 공부를 뛰어나게 잘하지 못하는 아이들은 시험을 본 후 몇 점이나 받을 것 같으냐는 질문을 던지면 실제 점수보다 높게 예상하는 경향이 있다. 실제 점수가 낮은 아이들일수록 예상 점수를 높게 말한다.

이는 자신감이 넘치거나 배짱이 두둑해서 그런 것이 아니다. 자기 자신에 대한 파악이 안 돼서 그렇다. 자신이 아는 것과 모르고 있는 것을 정확히 파악하지 못하다 보니 어렴풋이 알고서 푼 문제를 맞혔다고 착각하기 때문에 자신이 받을 점수를 높게 예상하는 것이다. 한편, 모르는 것을 안다고 착각하는 경우도 많다. 한 번 틀린 문제를 계속 틀리는 이유도 이 때문이다. 이는 메타 인지에서 '성찰', 즉 스스로에 대한 관찰이 미흡함을 뜻한다.

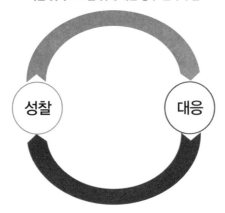

아는 것과 모르는 것에 대한 공부 전략 수립

성찰

대응

공부 전략에 따른 학습

메타 인지를 바탕으로 학습할 때의 선순환

자신의 상태에 대해 정확한 성찰이 이루어지면 대응 전략을 세우기가 수월해진다.

항아리에 구멍이 났으면 그것을 메워야만 물을 부어도 새어나가지 않는다. 항아리에 구멍이 난 상태로 물을 계속 채워봐야 그 구멍을 통해 물이 다 빠져 나가버린다. 당연히 항아리 속에는 물이 남아 있을 수 없다. 항아리에 물을 그득히 담으려면 자주 항아리를 들여다보며 어느 부분이 깨졌는지 발견하고 그 부분을 보완해야만 한다. 그래야 물이 샐 틈이 없다. 자녀가 (혹은 스스로가) 누구보다 열심히 노력하는 것 같음에도 불구하고 성적이 오르지 않는다면 메타 인지 능력이 떨어지는 것은 아닌지 의심해볼 필요가 있다. 성찰이나 대응 단계, 둘 중 하나에 부족함이 없는지 말이다. 만일 그렇다면 메타 인지 능력을 높여주기만 해도 성적은 올라갈 수 있다.

# 메타 인지와
# 작업 기억의 놀라운 관계

그렇다면 메타 인지는 뇌와 어떻게 관련되어 있을까? 메타 인지는 앞서 말한 작업 기억과도 연관성이 있을까? 뉴욕대학교의 스티븐 플레밍 교수에 따르면 자기 성찰 능력, 즉 메타 인지가 뛰어난 사람일수록 전전두엽에 회백질이 많다고 한다.

회백질은 옆의 그림에서 보는 것처럼 신경 신호를 만들어내고 각종 신경 활동이 이루어지게 만들어주는 신경세포체로 신경 활동이 일어나는 중심체다. 여기서 신경 신호가 만들어지면 소시지처럼 생긴 축(미엘린 수초)을 타고 다른 신경세포로 신경 신호가 전달된다. 전전두엽은 고도의 인지, 계획, 실행, 분석, 판단을 집

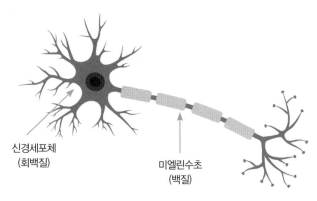

신경세포체
(회백질)

미엘린수초
(백질)

**뇌 신경세포의 구조**

행하는 기능을 가진 뇌의 핵심 부위다. 이 부위에 신경세포체가 많다는 것은 이 부위에서 신경 활동이 활발히 일어남을 의미한다. 한마디로 전전두엽이 발달한 사람일수록 메타 인지를 잘 활용한다고 할 수 있다.

앞서 전전두엽은 작업 기억의 중앙관리자라고 말했다. 따라서 전전두엽이 발달했다는 것은 작업 기억이 뛰어나다는 말과도 같다. 뇌 안에 갖추어진 정보 처리 작업대가 크고 넓을 가능성이 있다는 의미다. 그러므로 메타 인지와 작업 기억 간에는 상관관계가 있다고 볼 수 있다. 메타 인지 능력이 뛰어난 사람들은 작업 기억 점수도 높을 가능성이 크다. 한편, 작업 기억 역량을 높이면 메타 인지 능력이 더불어 높아질 수도 있다. 하지만 아직까지 메타 인지와 작업 기억의 상관관계에 대해 연구한 결과를 확인하지는 못했다. 따라서 메타 인지와 작업 기억 간의 상관관계가 높다고 단정할 수는 없지만 미루어 짐작하건대 둘 사이에는 밀접한 관계가 있음이 틀림없다. 더 나아가 메타 인지 능력은 유동성 지능과도 관련이 있을 것이다.

네덜란드의 한 신경과학자가 25년에 걸쳐 연구한 바에 따르면 메타 인지가 미래의 학업 성적을 예측할 가능성은 40%에 이른다고 한다. 작업 기억 역시 성적을 예측할 수 있는 도구로 아이큐보다 훨씬 높은 정확도를 가지고 있으므로 작업 기억과 메타 인지는 결국 상관관계가 높다고 추론이 가능하다. 작업 기억이나 메타 인지 모두 전전두엽을 활용하므로 공부를 잘하기 위해서는 뇌의 CEO로 일컬어지는 전전두엽을 얼마나 효율적으로 활용하느냐가 관건이다.

메타 인지를 이용해 자신이 알고 있는 것과 모르고 있는 것을 정확히 파악하고, 그에 적절한 공부 전략을 선택하는 것. 작업 기억에 따라 학습에 필요한 정보를 장기 기억에서 불러와 새로 주어진 정보와 결합하고 응용해 문제를 해결하고, 뇌 안의 정보 처리 역량을 최대로 활용해 최소의 노력으로 최대의 결과를 얻는 것. 이것이 바로 전전두엽을 올바르게 활용하는 공부 방법이다.

# 이것만은 꼭 피하자!
# 메타 인지 활용을 방해하는
# 4가지

어떤 요인들, 가령 특정한 심리적·환경적 요인들은 메타 인지의 활용을 방해하기도 한다. 목표를 달성하고자 할 때 우리는 보통 '해야 하는 일'에 집중하곤 한다. 하지만 '하지 말아야 하는 일'을 피하는 것 역시 목표를 달성하기 위해 꼭 필요하다. 앞서 메타 인지를 잘 활용해야 성적을 올릴 수 있다고 이야기했다. 다음에 제시하는 네 가지는 메타 인지의 활용을 방해해 궁극적으로 학습 효율을 저하시키는 요인들이다.

# ① 자신에 대한 지나친 믿음

진우는 시험을 치를 때마다 '이번에는' 좋은 성적을 받을 수 있다고 장담한다. 실제로 진우는 기를 쓰고 공부한다. 꽤 열심히 노력하기에 진우 자신은 물론이고 진우 엄마도 진우가 좋은 성적을 얻을 수 있으리라 기대한다. 하지만 안타깝게도 진우의 성적은 늘 제자리걸음이다. 시험을 볼 때마다 자신이 있다고 큰 소리를 치지만 성적이 향상되지 못하고 이전과 비슷한 수준에 머물러 있다.

진우의 문제점은 자신의 실력을 과신하는 것이다. 인간은 자신의 능력을 지나치게 높게 평가하는 '과신 효과' 또는 '과신 오류'를 범한다. 한 심리학자가 전 세계인들을 대상으로 수백 차례에 걸쳐 조사한 결과에 따르면 거의 모든 사람들이 자신을 실제 모습보다 높게 평가한다. 아이들 역시 스스로를 과신하는 경향이 있다. 가령, 진우처럼 자신은 배운 내용을 잘 알고 있기 때문에 문제가 나왔을 때 잘 풀 수 있다고 믿는 것이다.

시험을 앞두고 교과서에 실린 내용을 모르는 게 없을 만큼 철저하게 공부했다고 치자. 아이는 자신이 시험에 대해 완벽하게 준비된 상태라고 여길 것이다. 하지만 교과서를 달달 외웠다고 해서 무조건 좋은 점수를 받을 수는 없다. 선생님들이 시험 문제를 낼 때는 교과서의 내용을 바탕으로 응용을 하거나 사고를 깊이 해야만 풀 수 있는, 소위 '꼬아놓은' 문제들을 출제하기 때문이다. 그렇기 때문에 교과서 내용을 잘 알고 있다고 해서 시험에 출제된 문제를 모두 쉽게 해결할 수 있는 것은 아니다. 교과 내용을 그저 잘 암기하고 있는 것과 그것을 바탕으로 문제 풀이를 잘하는 능력은 다르다. 그럼에도 불구하고 아이들은 '아는 것=문제 풀이 능력'으로 착각한다. 특히 아이큐가 높은 아이들이 이러한 태도를 보일 가능성이 높다. 물론 공부를 할 때 자신감을 갖는 것은 중요하다. 하지만 과신은 학습에 도움이 되지 않을 수도 있다.

## ② 모르는 것이 드러나는 것에 대한 두려움

제대로 공부를 했는지 알 수 있는 가장 좋은 방법은 테스트를 해보는 것이다. 문제를 풀어보면 자신이 학습한 내용을 아는지 모르는지 확인할 수 있다. 하지만 테스트는 두렵다. 만일 맞힌 문제보다 틀린 문제가 더 많으면 심리적인 갈등도 생긴다. 불안과 두려움은 물론 자기 역량에 대한 비하까지 생길 수 있다. 자신감과 학습에 대한 의욕도 잃게 된다. 반면에 입력만 반복하는 공부는 그렇지 않다. 자신감을 잃을 일도 없고 스트레스를 받을 일도 없다. 열심히 공부한 것만으로도 성취감을 느낄 수 있다. 공부한 내용을 모두 아는 것 같은 착각도 든다. 그래서 많은 학습자들이 이러한 방식의 학습 방법을 택한다. 어쩌다 문제를 풀더라도 아는데 틀리거나 같은 유형의 문제를 반복적으로 틀리는 것을 그저 실수라 여기고 별 신경을 쓰지 않는다.

메타 인지 활용을 방해하는 두 번째 요인은 자신의 진짜 실력을 민낯으로 마주하는 데 대한 두려움이다. 사람들은 감정이 불편해지는 상황에 놓이는 것을 싫어한다. 우리 뇌의 특성이 그렇다. 그래서 그런 상황을 만들고 싶어 하지 않으며 애써 피하려고 노력한다. 가령, 학생들의 경우 자기의 진짜 공부 실력을 알게 되면 감정이 불편해질 것이다. 자신은 어느 정도 실력이 있다고 생각했는데 테스트를 통해 아는 것이 생각보다 적다는 것이 드러나면 무척 두려울 것이다.

아이들이 공부하는 모습을 지켜보면 호준이와 진우처럼 두 가지 스타일로 나뉜다. 죽어라 공부를 반복하는 스타일과 공부한 것을 문제 풀이를 통해 확인하며 모르는 것만 다시 복습하는 스타일. 이 중 죽어라 공부만 반복하는 스타일을 가진 아이들에게 왜 문제를 풀어보지 않느냐고 물어보면 혹시나 모르는 문제가 나올까 봐 겁이 난다고 대답하는 아이들이 의외로 많다. 실컷 공부를 했는데 문제를 풀었을 때 제대로 답을 못하면 아이들 입장에서는 그 상황이 패닉이 되고 마는 것이다.

이처럼 두려움 때문에 자기 자신을 정확히 알려고 하지 않는 것은 메타 인지를 발휘하는 데 장애가 된다. 사람들은 자기 자신에 대한 기대치가 있고 이것이 자신감의 기반으로 작용한다. 자신에 대한 기대치가 낮은 사람은 자신감이 낮고 자신에 대한 기대치가 높은 사람은 자신감도 뛰어나다. 그런데 자신을 정확히 알게 되면 자신에 대한 기대치와 어긋날 가능성이 생긴다. 그것은 자기 자신에 대한 믿음과도 연계되므로 그 상황과 맞닥뜨리는 게 두려운 것이다. 현실을 직시하는 것이 두려워 사람들은 자기 자신을 객관적이고 냉정하게 들여다보려고 하지 않는다. 그저 묵묵히 열심히 공부하다 보면 성적이 오를 것이라는 막연한 희망이라도 가질 수 있으니 현실을 외면하고 비효율적으로 공부하려고 하는 것이다.

## ③ 부모의 간섭

영주는 중학교에 진학하면서부터 성적이 떨어지기 시작했다.

자신이 하고 싶은 공부를 못하는 탓에 공부에 흥미를 잃었기 때문이었다. 영주가 중학생이 되면서부터 영주 엄마는 다른 엄마들과 어울리며 많은 정보들을 수집하기 시작했고 그렇게 얻은 정보들을 바탕으로 영주의 공부에 간섭했다. 이를테면 영주의 의사와는 상관없이 무조건 국영수 위주로 공부하길 원했고 학원도 몇 개씩 다니도록 했다. 영주가 집에 돌아와서 책을 읽거나 다른 공부를 하려고 하면 어김없이 수능 준비를 운운하며 국영수 위주로 공부하도록 강요했다. 선택권이 없어진 영주는 자주 불만을 드러냈으며 모녀간의 갈등도 깊어갔다. 그런 시간들이 길어지면서 영주는 점차 학교 공부에 흥미를 잃기 시작했고 성적은 더욱 곤두박질쳤다.

부모의 생각과 달리 아이들의 학습 상태는 아이들 스스로가 가장 잘 안다. 자신이 무엇을 알고, 무엇을 모르는지, 자신에게 어떤 공부가 필요한지는 공부의 주체인 아이 스스로가 제일 잘 알 수밖에 없다. 그렇다면 공부 전략을 세울 때도 아이가 중심이 되어야 한다. 아이들 스스로 잘한다고 판단한 과목으로 확실하게 좋은 성적을 받을 수 있게 바닥을 다지고, 못하는 과목은 개선이 될 수 있도록 전략을 세워야 한다. 이렇게 세운 커다란 전략에 따라 상세한 학습 계획과 목표를 세우고 학습을 수행하며 평가까지 이루어져야 한다. 이 모든 과정을 아이가 주도적으로 선택하고 결정함으로써 독립적이고 자율적으로 학습할 수 있게 해야 한다. 그래야 호기심이 생기고 동기부여가 되며 메타 인지도 발휘할 수 있다. 부모는 아직 성숙하지 못한 아이들의 사고를 곁에서 도와주며 시행착오를 줄일 수 있도록 최소한의 조언자 역할만 해야 한다.

하지만 안타깝게도 대다수의 부모들이 아이 공부에 있어서 아이보다 자신의 의견을 내세우고 싶어 한다. 아이의 말을 듣기보다는 "잔소리 말고 엄마 말 들어"라며 자기 의견을 아이가 따르기를 바란다. 물론 세상 경험이 많은 부모의 말이 무조건 틀렸다고 할 수는 없지만, 그렇다고 해서 부모가 아이보다 아이에 대해 잘 안다고 말하기도 어렵다. 게다가 부모는 교육 전문가가 아니다. 교육 정보에는 빠를 수야 있겠지만, 그 정보가 모두 옳은 것도 아니다. 그러므로 부모는 아이들을 부모 욕심에 맞춰 일방적으로 끌고 나가기보다는 아이가 자신의 강점과 약점을 스스로 주도적으로 파악하고 학습 역량 간의 밸런스를 잡아나갈 수 있도록 이끌어주는 역할만 해야 한다. 아이를 돕고 싶은 마음이 오히려 아이의 학습에는 장애가 될 수 있음을 염두에 두어야 한다. 부모는 지나친 간섭을 자제하고 다음과 같은 상황에서 조언해주는 역할에 머물러야 한다.

- 아이가 학습 주제를 적절히 잘 선정했는지 검토해주기
- 아이가 실천 가능한 범위 내에서 계획을 꼼꼼하게 세웠는지 학습 계획의 타당성 검토해주기
- 아이가 공부 시간을 정할 때 특정 주제나 과목에 지나치게 치우치지 않았는지 검토해주기
- 아이가 학습 내용을 구체적으로 정했을 때 무리한 계획을 세우지 않았는지 검토해주기

## ④ 잘못된 평가 방식

시험 방식도 메타 인지에 영향을 미친다. 점차 달라지고는 있지만 사지선다 혹은 오지선다형의 객관식 문제는 정교하게 출제하지 않는다면 자칫 평가의 취지를 왜곡하기 십상이다. 정확히 답을 모른다 해도 '찍어서' 답을 맞힐 확률이 있기 때문이다. 시험에 응시한 학생들이 해당 문제에서 묻는 바에 대해 정확한 지식을 갖추고 있지 못했거나 혹은 아예 잘못된 지식을 가졌더라도 운이 좋으면 답을 맞힐 수 있다. 문제는 그렇게 맞힌 것을 두고 자기 실력으로 오인할 수도 있다는 점이다. 예를 들어 '원의 둘레를 구하라'는 문제가 나왔다고 치자. 원의 둘레를 구하는 공

식은 '$2\pi r$'이다. 이때 반지름의 길이로 2가 주어졌다면 답은 '$4\pi$'가 된다. 그런데 만일 어떤 학생이 원의 둘레를 구하는 공식을 '$\pi r^2$'으로 잘못 알고 있다고 해보자. 그러면 반지름이 2이므로 답은 '$4\pi$'가 된다. 이 아이는 분명 잘못된 공식을 알고 있음에도 불구하고 객관식 문제의 보기에 '$4\pi$'가 주어지면 그것을 선택할 것이다. 채점 결과로만 따지자면 이 학생은 정답을 고른 셈이지만, 이로 인해 틀린 공식을 계속 맞는 것으로 착각하며 지낼 것이다.

전체 문항이 모두 사지선다형 객관식으로 출제되는 시험이 있다고 치자. 그리고 이 시험에 응시한 학생은 출제된 문제들 중 50%는 정답을 확실히 알고 있고 나머지 50%는 잘 모른다고 해보자. 이 경우 50점은 확실하게 받을 수 있다. 이제 정답을 모르는 나머지 문제를 모두 찍어서 푼다고 해보자. 어떻게 찍는지에 따라, 출제자가 정답의 비율을 어떻게 배분했는지에 따라 결과가 조금씩 다르겠지만, 이론적으로만 따진다면 25%는 답을 맞힐 수 있다. 즉, 50점의 25%인 12.5점을 노력 없이 운에 의해 얻을 수 있는 셈이다. 그렇다면 이 학생의 최종 점수는 62.5점이다. '찍기' 신공이 들리면 그보다 훨씬 높은 점수를 받을 수도 있다. 이 학생은 아마도 자신의 실력을 50점이 아니라 62점 이상으로 생각할 확률이 높다. 앞서 설명한 자기 과신 경향까지 더해져 실제로 자기가 그 정도의 점수를 받을 수 있는 실력을 갖췄다고 착각하는 것이다. 만일 훗날 그보다 낮은 점수를 받게 되면 그때는 어떻게 생각할까? 아마도 운이 따르지 않아서 그렇다고 생각할 것이다.

반면에 문제 풀이 과정을 함께 기술하도록 하는 주관식 시험이라면 운에 의해 점수를 받을 가능성이 원천적으로 차단된다. 주관식 시험은 어떻게 풀어야 하는지 개념과 원리를 확실하게 아는 문제가 아니면 답할 수 없다. 따라서 학생들 입장에서는 힘들겠지만 가급적이면 시험 문제는 주관식으로 출제하는 것이 바람직하다고 여겨진다. 객관식 시험에 익숙해지면 복잡한 문제를 해결하는 능력의 토대인 깊이 있는 사고가 점점 어려워진다. 학년이 높아질수록 단순 지식을 묻기보다는 추론이나 정보 간의 연계성을 고려해 풀어야 하는 깊이 있는 문제들이 많이 출제된다. 즉, 문제 유형에 맞춰 문제 풀이 과정을 추론하며, 그에 필요한 정보를 기억 창고에서 찾아와 활용할 줄 아는 사고력이 있어야 문제를 풀 수 있는 경우가 많다. 그에 대비할 수 있는 방법은 주관식으로 문제를 푸는 습관을 들이는 것이다.

# 성적을 쑥쑥 올려주는
# 메타 인지 활용법

메타 인지는 인지능력을 컨트롤하는 상위 인지능력이다. 모든 인지능력이 그렇듯이 메타 인지 역시 꾸준한 훈련을 통해 향상될 수 있다. 다음에 소개하는 방법들은 메타 인지 활용을 촉진하는 데 탁월한 방법들이다.

## 셀프 테스트와 시험문제 출제

전 세계 교육학자들의 연구 결과에 따르면 메타 인지는 학습 성적이 상위 0.1% 안에 드는 학생들이 공통적으로 지닌 능력이라고 한다. 그러므로 공부를 잘하고 싶은 사람이라면 당연히 메타 인지 능력을 높여야만 한다. 그렇다면 메타 인지를 높이기 위해서는 어떻게 해야 할까? 가장 쉬운 방법은 공부한 내용을 자주 테스트해보는 것이다. 자신이 공부한 내용을 얼마나 잘 이해하고 있는지 문제를 풀어보며 학업 성취 수준을 확인하는 과정이 필요하다. 기본적인 지식을 묻는 문제부터 응용문제에 이르기까지 다양한 유형의 문제를 풀다 보면 자신이 무엇을 알고 무엇을 모르는지 깨달을 수 있다.

하지만 안타깝게도 대다수의 학생들이 이렇게 공부하지 않는다. 한 TV 프로그램에서 20명의 고등학생들을 모아놓고 '성적을 높이기 위해 어떤 학습 방법이 좋을까?'라고 물었다. 선택할 수 있는 보기는 단 두 개뿐이었다. 하나는 평가 없이 반복적으로 학습하는 것이었고, 다른 하나는 학습 후 평가를 하는 것이었다. 그러자 20명의 학생들 중 무려 17명이 반복적인 학습이 성적을 높일 수 있는 학습 방법이라고 응답했다. 학습 후 평가를 하는 것을 선택한 학생은 3명에 불과했다. 이처럼 대다수의 학생이 성적을 높이려면 끊임없이 더 많은 정보를 뇌 안에 입력하는 것이 중요하다고 생각한다.

| 평가 없이 반복적으로 학습하기 | 17(85%) |
| --- | --- |
| 학습 후 이해 수준을 확인하기 위해 평가하기 | 3(15%) |

'성적을 높이기 위해 어떤 학습 방법이 좋을까?'에 대한 응답

정식이는 중학교에서 고등학교로 진학하면서 성적이 하락하는 2차 변동 구간에 놓여 있었다. 성적이 크게 떨어진 것은 아니었지만 공부하는 것에 비해 성적은 오르지 않고 오히려 뒷걸음을 치니 부모님을 비롯해 주위 사람들의 걱정이 이만저만 아니었다. 정식이 스스로도 공부에 관심이 높았고 좋은 대학에 들어가고 싶은 욕구가 강했기에 한눈팔지 않고 열심히 공부를 했지만 이상하게도 성적은 늘 제자리였다.

정식이와 이야기를 나누면서 정식이가 지나치게 주먹구구식으로 공부한다는 사실을 알게 됐다. 자신만의 뚜렷한 공부 전략이 없이 그때그때 필요하다고 여기는 과목을 공부했다. 아는 내용이나 모르는 내용이나 동일하게 시간을 분배했다. 때로는 어려운 과목보다 쉬운 과목에 시간을 더 많이 쏟기도 했다. 게다가 정식이는 문제를 푸는 일이 그리 많지 않았다. 공부한 내용에 대해 단원마다 제시된 문제를 풀기는 했지만 시험을 보는 것처럼 종합적인 테스트를 하는 일은 많지 않았다.

나는 정식이에게 공부 방법을 바꿔볼 것을 제안했다. 우선은 문제집을 사서 그것을 풀어본 뒤 확실히 아는 것과 확실히 모르는 것, 대강 알긴 하지만 정확하게 알지는 못한 것 등을 정리해보라고 했다. 그리고 자신의 강점과 약점을 파악한 후 앞으로는 부족한 부분에 집중해 공부하도록 했다. 또한, 공부를 끝낸 후에는 반드시 테스트를 통해 학습한 내용을 이해했는지 여부를 체크해보라고 했다. 다행히도 정식이는 좋은 대학을 가겠다는 의지가 충만했기 때문에 나의 조언을 충실하게 따랐다.

그렇게 한 학기가 지나면서 정식이의 공부 방법이 확연히 달라지기 시작했다. 그날그날 필요에 따라 마구잡이로 하던 공부에서 우선순위가 높은 과목 위주로 공부하는 방식으로 재편됐다. 처음부터 끝까지 무조건 반복하던 공부 방법도 모르거나 이해가 부족한 내용 위주로 살펴보는 방식으로 바뀌었다. 학습 내용에 따라 공부 시간을 분배하는 방법도 달라졌다. 아는 내용은 굳이 반복해서 공부하지 않고 문제를 푸는 데만 최소한의 시간을 투입했고 대부분의 시간을 모르는 것을 익히고 테스트하는 것에 투자했다. 가장 큰 변화는 학습한 내용은 반드시 문제를 풀고 채점해서 자신이 제대로 이해했는지 여부를 확인하는 습관을 들인 것이다.

그러자 성적에도 변화가 나타나기 시작했다. 공부 방법에 변화를 준 첫 학기를 끝내고 본 시험에서 정식이는 평균 점수가 20점 정도 상승했다. 그것도 특정 과목만 오른 것이 아니라 모든 과목에서 골고루 성적 향상을 보였다. 같은 방식으로 한 학기를 더 공부한 후 본 시험에서는 이전보다 다시 20점 정도가 올랐다. 내 조언을 따르기 전에는 평균 50점대에 머물던 성적이 공부 방법을 바꾼 이후 평균 90점대로 올라선 것이다. 게다가 수능 모의고사에서도 좋은 성적을 거둔 덕분에 가고 싶은 대학에 진학할 수 있겠다는 희망을 가지게 됐다.

정식이의 경우는 최상의 결과를 보여준 케이스이기 때문에 선뜻 그 결과를 일반화하기 어려울 수 있다. 하지만 학습 내용을 테스트하는 것만으로도 메타 인지가 높아질 수 있고 성적이 달라질 수 있음을 여실히 보여주는 사례임은 틀림없다. 하지만 여전히 많은 아이들이 테스트를 회피한다. 그보다는 책이나 참고서를 보면서 반복적으로 지식을 입력하는 학습 방식을 더 선호한다. 반복 학습은 학습 내용을 이해했는지 여부와는 상관없이 자신이 공부한 내용을 다 알고 있다는 착각을 심어주기 쉽다. 테스트로 인해 스트레스를 받는 상황은 피하면서 반복 학습을 통해 알고 있는 것을 거듭 확인함으로써 기분 좋은 상황을 만들어 내는 것이다. 기분이 좋아지면 도파민 분비가 촉진되고 전두엽에서의 집중력이 좋아져 공부가 잘된다는 착각을 일으킨다. 실제로 문제를 풀어보면 기대만큼 점수를 받지 못할 수 있음에도 불구하고 공부를 잘 했다고 여기는 것이다. 반복 학습 방법으로 공부한 학생들은 이러한 메커니즘으로 자신의 실력이 향상됐다고 착각하기 때문에 시험을 치르기 전에 예상 점수를 물어보면 '시험을 잘 볼 것이다', '좋은 점수를 얻을 수 있을 것이다'라고 과잉 확신을 할 수밖에 없다.

더 나아가 시험에 나올 만한 문제를 직접 출제해보는 것도 훌륭한 메타 인지 학습법이다. 스스로 시험문제를 출제하려면 자신이 학습한 내용 중 중요한 것이 무엇인지 추려낼 줄 아는 역량이 있어야 한다. 시험에 나올 만한 문제를 직접 출제하다 보면 모든 내용을 동일한 중요도로 보는 것이 아니라 학습 내용에 따라 중요도를 다르게 배분할 수 있는 혜안도 기를 수 있다. 또한, 시험문제를 출제하는 과정을 통해 그동안 공부한 내용을 강화할 수도 있다. 평소 공부를 하면서 시험에 나올 것이라고 예상되는 문제를 미리 정리해두면 시험 직전에 복습을 할 때 훌륭한 자료로 활용이 가능하다. 문제만 출제하는 것에서 그치지 말고 같은 노트의 별도 공간에 정답과 그 이유를 정리해둔다면 나만의 훌륭한 맞춤형 교재가 만들어진다.

물론 공부 방법을 바꾸는 과정은 쉽지 않다. 처음에는 힘들고 시간이 오래 걸릴 수도 있다. 하지만 점차 새로운 학습 방법에 익숙해지면 비효율적으로 소요되던 시간과 에너지를 줄일 수 있다. 특히 예상 시험문제 출제는 혼자 하기보다 자신과 비슷한 수준을 가진 친구와 짝을 이루어 할 때 더욱 높은 효과를 얻을 수 있다. 서로 번갈아가며 예상 문제를 출제하고, 왜 그 문제를 출제했는지, 무엇 때문에 그 문제가 중요하다고 여겼는지를 토의하는 과정에서 자신의 부족한 부분이나 잘못 이해한 부분을 보완할 수도 있기 때문이다.

## 학습 내용 설명하기

선진이의 성적은 전교 3등 안에 들 정도로 뛰어났다. 선진이는 자신만의 독특한 공부법을 가지고 있었는데 그것은 바로 자신이 공부한 내용을 칠판이나 종이에 써가며 엄마에게 설명하는 것이다. 엄마가 바쁠 때는 방에 인형을 앉혀놓고 설명하는 식으로 대신하기도 했다. 선진이는 그런 행동이 공부한 내용을 이해했는지 확인하는 데 가장 좋은 방법이라고 여겼다. 하지만 공부한 모든 내용을 다 그렇게 확인할 수는 없는 노릇이므로 개념 정립이 필요하거나 이해가 꼭 뒤따라야 하는 내용에 한해서 그런 공부법을 택했다고 한다. 자신이 좋은 성적을 낼 수 있는 비결도 이와 같은 자신만의 공부법 때문이라고 자신 있게 말했다.

자신이 아는 것과 모르는 것을 파악할 수 있는 방법 중 하나는 선진이처럼 누군가에게 자신이 공부한 내용을 설명하는 것이다. 잘 아는 부분은 또렷하고 명확하게 설명할 수 있다. 반면에 자신이 잘 모르는 부분은 수박 겉핥기 하듯이 설렁설렁 넘어가거나 우물쭈물하며 말을 얼버무리려고 한다. 따라서 설명하는 동안 자신 있는 부분과 자신 없는 부분이 무엇인지 분명히 알 수 있게 된다. 공부한 내용을 누군가에게 설명해주는 것이 가장 좋은 공부법 중 하나인 이유다.

친구와 짝을 지어 설명하고 질문하는 역할을 나누어 학습 내용을 반복한다면 학습한 내용을 이해하고 개념을 정립하는 데 보다 더 도움이 된다. 그 과정에서 자신은 안다고 여기고 그럭저럭 설명도 할 수 있는 내용임에도 막상 질문을 받아보면 대답할 수 없는 것들이 나타날 수 있다. 그런 것들은 확실하게 아는 것이라고 할 수 없다. 그러므로 친한 친구와 짝을 맞춰 질문과 대답을 반복하는 것도 아주 좋은 공부법 중 하나다. NTL<sup>National Training Laboratory</sup>의 발표에 따르면, 학생들의 학습 방법에 따라 학습 효과에 큰 차이가 있다고 한다.

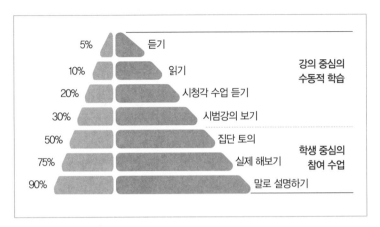

학습 효과 피라미드

그림에서 보는 것처럼 가장 효과가 낮은 학습법은 가만히 앉아 '듣기'만 하는 것이다. 선생님이 설명하는 내용을 듣고만 있을 때의 학습 효과는 불과 5%밖에 안 된다. 설명을 잘하는 선생님의 말을 듣고 있으면 100% 학습이 된 것처럼 착각하기 십상이다. 하지만 알고 보면 무려 95%의 학습 손실이 일어나는 셈이다. 학습 내용을 스스로 읽을 때의 학습 효과는 10%, 동영상 등의 시청각 자료를 이용한 수업을 들을 때는 20%, 시범강의를 볼 때는 30%로 학습 효과가 나타났다. 어느 것이든 수동적으로 강의를 들을 때는 그 효과가 50%를 넘지 않는다. 하지만 대다수의 학생들이 이렇게 수동적인 방식으로 공부를 한다.

반면에 학생이 중심이 되는 참여 수업은 학습 효과가 적어도 50%를 넘는 것으로 나타났다. 참여 수업은 집단을 이루어 학습 내용에 대해 토론을 하거나 실제로 경험을 해보거나, 누군가에게 말로 공부한 내용을 설명하는 것이 두루 포함된다. NTL의 발표에 따르면 집단 토의를 할 경우의 학습 효과는 50%, 실제로 학습 내용을 체험했을 때의 학습 효과는 75%였다. 가장 효과가 좋은 학습 방법은 학습 내용을 말로 설명하는 것이었는데 무려 그 효과가 90%로 나타났다.

학습 내용을 설명하기 위해 누군가와 짝을 지어 공부를 하게 되면 상대방이 중요하게 생각하는 내용이 무엇이며 그 이유는 무엇인지 알 수 있게 된다. 그 과정에서 자신이 간과했거나 눈여겨보지 못했던 부분을 보완할 기회가 생긴다. 서로의 지식과 통찰을 비교해봄으로써 더 완성도 있는 학습에 다다르는 것이다. 이 방식을 적용할 때 주의해야 할 점은 함께 공부하는 파트너가 자신과 비슷한 학습 수준이나 공부 습관을 가지고 있어야 한다는 것이다. 가급적이면 자신과 성적이 비슷하고 학습 속도나 이해 수준이 크게 차이나지 않으며 공부 스타일도 유사한 친구와 짝을 이루는 편이 좋다. 만일 한쪽이 지나치게 공부를 잘하거나 지나치게 공부를 못하면 큰 도움이 안 될 수도 있다. 공부를 잘하는 사람이 선생님 역할로 돌아설 수 있기 때문이다. 선생님처럼 누군가를 가르쳐주다 보면 공부에 도움이 될 것이라고 생각될 수도 있지만 상대방으로부터 배우는 것이 없으면 학습에 도움이 된다고 할 수 없다. 그러므로 공부 짝을 찾을 때는 자신과 수준이 잘 맞는 사람을 신중하게 선택해야 한다.

## 눈이 아닌 입으로 공부하기

메타 인지를 이용한 학습을 가장 잘하는 사람들은 바로 유대인이다. 전 세계적으로 유대인의 숫자는 1,500만 명 정도로 세계 인구의 0.22%밖에 안 된다. 하지만 노벨경제학상 수상자의 65%, 전체 노벨상 수상자 중에서는 30%를 유대인들이 차지하고 있다. 그들보다 3배 이상 많은 인구를 가진 우리나라는 단 한 명(노벨평화상)의 수상자만 배출했을 뿐인데 말이다. 그런 면에서 유대인들이 얼마나 지적 역량이 뛰어난 민족인지 알 수 있다.

노벨상뿐만이 아니다. 세계 경제를 논할 때 유대인의 영향력을 빼놓고는 이야기할 수 없을 정도다. 세계의 경제 대통령 지위를 누리는 미국 연방준비은행의 역대 의장 15명 중 무려 11명이 유대인이었다. 세계적인 금융사인 JP 모건과 골드만삭스의 창립자도 유대인이다. 구글의 공동 창업자인 래리 페이지, 아마존의 창업자 제프 베조스, 투자의 귀재 워런 버핏, 천재 과학자 아인슈타인도 모두 유대인이다. 세계의 석유 자본도 거의 대부분 유대인이 소유하고 있으며, 미국 언론을 비롯해 방송계와 영화계에서도 유대인의 영향력은 막강하다. 스티븐 스필버그 감독이 유대인이라는 것은 널리 알려진 사실이며 나탈리 포트만과 같은 배우도 모두 유대인이다.

유대인들의 활약은 여기서 그치지 않는다. 오늘날 세계를 호령하는 IT 관련 최첨단 기술의 절반 정도가 유대인을 통해 만들어진다고 한다. 이처럼 전 세계의 정치, 경제, 금융, 예술, IT 등 분야를 막론하고 유대인이 미치는 영향력은 막강하다. 하지만 놀랍게도 그들의 지능은 그렇게 뛰어나지 않다. 유대인의 평균 아이큐는 평균 94점으로 세계 45위에 불과하다. 참고로 우리나라의 평균 아이큐는 106점으로 107점을 기록한 홍콩에 이어 세계 2위라고 한다. 아이큐 점수만 놓고 보면 우리나라가 유대인보다 더 많은 노벨상을 받아야 하지만 현실은 그렇지 않다.

이렇게 세계적으로 막대한 영향력을 미치는 사람들 중 유대인이 많은 비중을 차지하는 이유에는 여러 가지가 있겠지만, 대다수의 사람들이 가장 핵심으로 꼽는 이유가 있다. 바로 유대인들의 전통적인 교육 방식인 '하브루타'다. 하브루타는 나이나 계급,

성별에 관계없이 두 명이 짝을 지어 논쟁을 함으로써 진리를 찾는 과정을 의미한다. 하브루타는 이미 꽤 오래전부터 소개가 됐기에 그 내용이 너무나 잘 알려져 있고, 그 방식을 이용해 교육하는 학원이나 단체도 많다. 하브루타의 핵심은 '머리로 공부하는 것이 아니라 입으로 공부하는 것'이다.

유대인들은 어릴 때부터 식탁에 앉아 가족들과 대화를 나누고 학교에서는 짝에게 질문하고 대답하며 누구와도 거리낌 없이 토론하거나 논쟁하는 교육을 받는다. 학생들은 수업 도중 언제라도 궁금하거나 이해가 안 되는 것을 선생님에게 질문할 수 있다. 궁금한 것을 질문을 통해 즉시 해소함으로써 모르는 것이 남아 있지 않도록 하는 것이다. 교사도 학생의 질문을 통해 학습 내용에 대한 학생의 이해 수준을 파악하고 교육 수준을 조절할 수 있다.

또한, 학생들은 배운 내용을 자신의 짝에게 설명한다. 입력된 내용을 그대로 머릿속에 간직하고 빠져나가지 않게 조심하는 것이 아니라 바로 인출함으로써 자신이 이해한 것이 옳은지 점검해보고 학습한 내용이 머릿속에 공고하게 새겨지도록 하는 것이다. 뇌는 다른 사람과의 대화를 통해 생각과 정보를 비교하고 공유하는 학습 과정을 거칠 때 가장 잘 배운다. 한 연구에 따르면 대화에 참여하고 다른 사람과 의견을 나누는 기회가 많을수록, 또는 친구에게 친구가 모르는 것을 가르쳐준 경험을 많이 할수록 학습이 더 잘 일어난다고 한다. 유대인들은 이미 이러한 학습 원리를 터득하고 오래전부터 활용해왔다.

끝없는 질문과 토론은 유대인들을 창의적인 사람들로 만든 비결이다. 유대인들의 학습법의 핵심은 안다고 여기는 것을 정말 알고 있는지 혹은 그 외에 다르게 생각할 수 있는 방법은 없는지 파악하고, 다른 사람과의 상호작용으로 학습 내용을 확인하는 것이다. 유대인들에게 공부란 지식을 머릿속에 욱여넣는 것이 아니다. 제대로 된 배움은 반드시 누군가와 토론을 하거나 질문을 하거나 스스로 설명함으로써 이루어진다. 유대인들은 머리로 공부하지 않는다. 이들에게 공부는 입으로 하는 것이다.

국내의 한 사설 교육 기관에서는 '4가지 말하기 학습 전략'을 통해 학생들의 학습 능력을 끌어올리고 있는데, 그 구체적인 내용은 '문답식 수업', '거꾸로 설명하기', '토론 발표 수업', '또래 가르치기'다. 문답식 수업은 교사가 일방적으로 지식을 전달하는 것이 아니라 교사와 학생들 간의 왕성한 질문과 답변을 통해 원리 이해와 개념 정립 과정을 이끌어가는 수업 방식이다. '거꾸로 설명하기'는 문제 풀이 후 학생들이 교사에게 문제를 어떻게 풀었는지 설명하는 것이다. 교육 전문가인 교사의 도움을 받아 문제를 해결했다고 해도 만약 그 과정을 다시 설명하지 못한다면 문제 풀이 과정을 제대로 이해하지 못한 것이라 할 수 있다.

교사는 학생의 설명을 들으면서 어느 부분이 잘못됐는지 모니터 링하고 그 부분을 바로 잡아줄 수 있다.

'토론 발표 수업'은 유대인들의 학습법인 하브루타처럼 학생 들끼리 조를 구성하여 문제를 어떻게 해결할 것인지 전략을 수 립하고 다양한 풀이 방법을 확인한 후 교실 앞으로 나와 발표하 는 방식의 수업이다. 마지막으로 '또래 가르치기'는 두 사람이 짝을 지어 학습한 개념과 원리에 대해 서로 묻고 가르치기를 하 거나 문제 풀이를 완료한 후 틀린 문제를 서로 가르쳐주는 방식 으로 진행된다. 이 교육 기관의 홍보에 따르면 이렇게 다양한 학 습 전략을 통해 수업 참여도, 몰입도, 창의력, 사고력, 문제 해결 력 등 다양한 핵심 역량 등을 메타 인지 능력과 함께 키워나갈 수 있다고 한다.

눈이 아닌 입으로 하는 공부는 기억의 강화 측면에서도 큰 효 과가 있다. 뇌의 진화 과정에서 시각보다 먼저 발달한 감각은 청 각이다. 그래서 시각에 의존한 기억보다는 청각에 의존한 기억 이 더 오래 간다. 무언가를 눈으로 보고 기억한 것보다는 누군가 에게 들은 기억이 더 오래 가는 이유다. 이러한 원리를 학습에 적용해 책을 묵독하며 공부하기보다 누군가와 말을 하며 정보를 주고받는 방식으로 공부를 하면 청각 기억이 강해져 장기 기억 으로 보관될 가능성이 커진다.

2부

# 공부에 최적화된 뇌를 만드는 5가지 방법

# 3장

## 수면
## _양질의 충분한 잠이
## 성적을 올려준다

# 밤을 새서 공부해도
# 성적이 오르지 않는 이유

　모 기업에서 뇌과학 리더십 강의를 끝낸 후, 강의를 들었던 40대 초반의 한 여성분이 날 찾아왔다. 그날 강의에서 잠이 두뇌 효율에 미치는 영향에 대해 잠깐 언급했었는데 그 이야기를 들으면서 자기 아들이 떠올랐다고 했다. 재영이라는 이름을 가진 그분의 아들은 고등학교 1학년으로 상급 학교에 진학하면서 더욱 어려워진 교과과정을 따라가기 위해 잠을 줄여가며 이를 악물고 공부를 한다고 했다. 아이는 별일이 없어도 새벽 2시가 넘어서야 잠자리에 든다고 했다. 아이가 하루에 몇 시간이나 자는지 묻자 그 여성분은 아침 6시 반이면 일어나기 때문에 하루에 4시간

반에서 5시간 정도 자는 게 전부라고 대답했다. 그보다 적게 자는 날도 있으며 학교에 가서 부족한 잠을 보충하는지는 알지 못한다고 했다.

그렇게 잠을 줄여가면서까지 노력함에도 불구하고 재영이는 교과 내용을 겨우 따라가는 정도였고 중상위권의 성적은 좀처럼 위로 치고 올라가지 못했다. 안타까운 마음에 아이를 데리고 이야기를 나누었지만 아이 스스로도 왜 성적이 오르지 않는지 그 이유를 모르겠다고 했다. 그저 머리가 멍하고 분명 공부한 내용임에도 불구하고 생각이 나지 않는 경우가 많다고 했다. 그분의 이야기를 들으면서 재영이가 지나치게 잠이 부족하다는 생각이 들었다. 그래서 잠자는 시간을 조금 더 늘리는 것이 좋겠다고 조언을 해드렸다. 당장 수면 시간을 7~8시간으로 늘릴 수는 없겠지만 적어도 6시간 이상 잘 것을 권했다. 그분은 잠을 줄이면서라도 공부 시간을 확보하려는 아이의 의지가 너무 강해서 잠을 늘리라는 말을 아이가 받아들일지 모르겠지만 시도해보겠다고 했다.

예전에 '4당 5락'이라는 말이 있었다. '네 시간을 자면 시험에 붙고, 다섯 시간을 자면 시험에서 떨어진다'는 의미다. 수면의 중요성을 모르던 과거에는 이처럼 밤잠을 줄여가며 이를 악물고 공부하는 것이 합격의 지름길이라고 여겼다. 한편, 매년 수능이 끝나고 나면 우수한 성적을 거둔 학생들의 인터뷰가 뉴스를 통해 나오곤 한다. 그때마다 이 학생들이 반드시 하는 말이 있다. '공부는 교과서 위주로 했다'는 것과 '잠은 충분히 잤다'는 것이다. 대학 입시에서 수석을 차지한 사람들치고 옛말처럼 4시간만 자며 공부했다는 한 사람은 단 한 명도 없었다. 과연 어느 쪽 말이 맞는 것일까? 잠을 줄여가며 공부를 해야 하는 것일까, 아니면 충분히 잠을 자며 공부를 해야 하는 것일까? 자녀를 둔 부모라면 어느 쪽 말을 따라야 하는지 헷갈릴지도 모른다.

일반적으로 사람들은 하루 일과 중 잠을 가장 비생산적이고 소비적인 활동으로 여기는 경향이 있다. 잠을 자는 동안에는 아무 일도 할 수 없으니 가급적 잠자는 시간을 줄이고 싶어 한다. 하지만 잠이야말로 인간을 가장 인간답게 만들어주기 위해 조물주가 고심 끝에 만들어낸 최고의 선물이다. 뇌과학이 발달하면서 잠에 대한 연구도 많아지는 추세인데, 잠은 육체나 정신의 건강뿐 아니라 두뇌의 효율을 최고로 높여주는 수단이라는 사실이 속속 드러나고 있다. 학업 성적을 높이기 위해서는 잠에 대해 깊이 이해하고 잠을 잘 자는 것이 필수적이다. 잠의 중요성을 모르고 잠을 소홀히 하면 학업 성적은 오를 수 없다.

잠을 자는 이유를 물으면 대다수는 '피로 회복'이나 '재충전'을 위해서라고 답할 것이다. 깨어 있는 동안에 쌓인 육체의 피로를 제거하고 에너지를 다시 충만한 상태로 되돌리기 위한 것이 잠의 가장 큰 목적이라고 생각한다. 맞다. 우리가 아침에 눈을 뜨고 각성 상태에서 다양한 활동을 하다 보면 각종 피로물질이 생성되고 몸과 뇌 안에 축적된다. 이 물질들이 말끔히 청소가 되어야만 우리 몸은 피로를 느끼지 않는다. 잠은 몸속에 축적된 피로물질을 제거하는 과정이다. 두뇌 속에 있는 노폐물 탱크의 밸브를 열어 노폐물을 몸 밖으로 방출하고 깨끗해진 상태에서 다시 깨어 있는 동안 발생할 노폐물들을 받아들이도록 만드는 과정이 잠이다. 하지만 피로물질 배출 외에도 잠에는 더욱 중요한 기능이 있다.

# 수면 패턴을 이해해야
# 숙면이 가능하다

　잠은 모든 생명체가 지닌 하루 주기 리듬 때문에 찾아온다. 하루 주기 리듬을 '일주기 리듬'이라고 하는데 밤낮의 변화에 맞춰 신체리듬을 알맞게 조절해주는 것을 말한다. 뇌 안에는 시교차상핵이라는 기관이 있다. 아침이 되어 해가 떠오르면 망막을 통해 시교차상핵으로 신호가 전달된다. 이윽고 시교차상핵에서 송과체로 지령을 내려 세로토닌을 분비하게 함으로써 우리 몸을 각성 상태로 만들어준다. 반대로 밤이 되어 어둠이 깔리기 시작하면 망막에서 시교차상핵으로 신호가 전달되고 이곳에서 송과체에 지령을 내려 멜라토닌을 분비함으로써 잠잘 준비를 하도록 만든다. 이러한 하루 주기 리듬은 사람마다 조금씩 다르지만 대체적으로 24시간에 가깝게 변화한다.

## 잠을 자는 동안
## 얕은 잠과 깊은 잠이 반복된다

일주기 리듬 때문에 인간은 밤낮이 바뀌는 자연환경에 맞춰 반드시 잠을 자야 한다. 잠은 크게 얕은 수면과 깊은 수면으로 나눌 수 있다. 얕은 잠을 흔히 렘REM, Rapid Eye Movement수면이라고 하고, 깊은 잠을 렘수면이 아니라는 의미로 비렘non-REM수면이라고 한다. 일반적으로 잠을 자는 동안 렘수면이 20~25% 정도의 비율을 차지하고, 비렘수면이 75~80% 정도의 비율을 차지한다. 이 비율은 나이에 따라 달라지는데 어린아이나 노인들은 렘수면이 많고 사춘기에는 비렘수면이 많다. 사춘기에 비렘수면이 많은 이유는 이 단계에서 성장에 필요한 호르몬 분비가 왕성하게 일어나기 때문이다.

다음의 그림에서 보는 것처럼 졸음을 느끼고 잠자리에 누우면 얕은 수면(렘수면) 단계를 지난 후 3~4단계를 거쳐 깊은 수면 (비렘수면) 상태로 들어간다. 깊은 수면이 바닥을 찍으면 다시 얕은 수면으로 올라온다. 이처럼 얕은 수면에서 시작해 다시 얕은 수면으로 돌아오는 것을 수면의 한 사이클이라고 한다. 하룻밤 수면 동안 이 사이클이 5번 정도 반복되는데 한 사이클이 보통 90분 정도가 걸린다. 얕은 잠의 단계에서 잠이 깨면 어렵지 않게 자리에서 일어날 수 있지만 깊은 잠의 단계에서 잠이 깨면 정신이 몽롱하고 쉽게 잠에서 깨기 어렵다. 그러다 보니 하룻밤의 수면 시간을 90분의 배수로 유지하면 가볍고 상쾌한 수면을 취할 수 있다. 가장 바람직한 수면 시간은 7시간 반, 즉 90분짜리 사이클이 5번 반복되는 것이다.

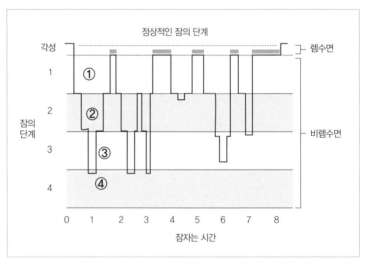

**수면의 단계**

수면의 단계는 학습과도 관련이 깊기 때문에 조금 더 자세히 살펴보자. 잠이 들게 되면 얕은 잠의 단계를 거쳐 1단계 비렘수면에 진입한다(그림에서 ①). 이 수면 단계는 5분 내외로 전체 수면에서 차지하는 비중은 2~5%밖에 안 된다. 대뇌피질의 신경세포에서 발생되는 뇌파들이 같은 방향으로 움직이면서 느리고 긴 파장(서파)을 만들어내기 시작하고 감각을 느끼는 감각수용기들이 약화되어 더욱 깊은 잠으로 빠져들게 된다. 2단계 비렘수면에 들어가면(그림에서 ②) 시상이라고 하는 뇌의 깊숙한 부위에서 뇌파가 발생하는데 이때의 파장을 방추파 또는 수면 방추파라고 부른다. 방추는 베를 짤 때 쓰는 가운데가 불룩하고 양쪽 끝이 날씬한 씨앗 모양의 기구를 말하는데 파장의 형태가 이를 닮아 붙여진 이름이다.

방추파가 나타나면 완전히 잠이 든 상태인데 이 파장은 대뇌피질을 자극하여 최근에 습득한 정보를 저장하고 장기 기억에 있는 기존 지식과 연결시켜주는 일을 돕는다. 방추파가 많이 발생할수록 다음 날 과제를 더 잘 수행할 수 있게 된다. 똑같은 양을 학습해도 잠을 자는 동안 수면 방추파가 많이 나타나는 사람의 학습 능력이 더욱 높다. 이 수면 방추파는 잠의 후반부, 즉 아침이 가까워질수록 많이 나타난다. 공부를 지나치게 열심히 해서 잠자는 시간이 줄어들게 되면 그만큼 수면 방추파가 발생할 기회가 줄어든다. 또한, 2단계 비렘수면에서는 K-복합파라는 것이 발생한다. K-복합파는 각성을 방해하는 역할을 하는 것으로 알려졌는데 그로 인해 깨지 않고 깊은 잠을 잘 수 있게 해준다.

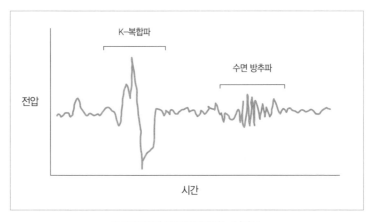

2단계 비렘수면에서 발생하는 뇌파들

2단계 수면은 비교적 긴 편이어서 처음 90분간의 수면 주기에서 최대 50분까지 지속되기도 하지만 그 이후로는 점점 비중이 줄어든다. 방추파의 발생 횟수가 줄어들면서 심장박동이 느려지고 심부체온이 떨어지면 의식이 완전히 사라져 외부 환경으로부터의 자극이 단절되고 깊은 잠의 단계인 3, 4단계로 들어간다.

3단계(그림에서 ③)와 4단계(그림에서 ④) 수면은 학자에 따라 하나로 다루기도 하고 분리하기도 한다. 4단계 수면 시간이 워낙 짧기 때문이다. 이 단계에서는 가장 많은 성장 호르몬이 분비되는데 이는 뼈와 근육을 유지하는 데 필수적이다. 4단계 수면에서는 델타파라는 아주 느린 뇌파가 발생하는데 이 단계는 혼수상태와 유사할 정도로 뇌가 비활성화된 상태여서 전체 수면 시간 중 30분 정도만 유지된다. 이후 다시 렘수면 단계에 들어선다. 렘수면 시간은 5~20분 정도인데 수면 주기가 반복될 때마다 렘수면 시간은 2배 가까이 늘어난다. 그래서 수면의 후반부인 아침이 다가올수록 렘수면 단계가 길어지며 전체 수면에서 차지하는 비중은 20% 정도 된다.

# 기억력을 높여주는 비렘수면, 창의력을 키워주는 렘수면

그렇다면 이렇게 렘수면과 비렘수면을 반복하는 이유는 무엇일까? 비렘수면과 렘수면 동안 뇌에서 일어나는 일이 다르기 때문이다. 찰흙을 이용해 정교한 조각상을 만든다고 가정해보자. 처음에는 뭉텅이로 찰흙을 뼈대에 덧붙이거나 이미 덩어리진 찰흙을 덜어낸 후 전체적인 형태를 갖출 수 있도록 다듬어야 한다. 그리고 다시 찰흙을 덧붙이거나 덜어내며 세밀하게 모양을 만들어가는 작업이 반복적으로 이루어져야 한다.

잠을 자는 동안 뇌 안에서는 이와 비슷한 일이 벌어진다. 잠에 들면 뇌는 깨어 있는 동안 받아들인 정보들을 대뇌피질의 장기 기억 장소로 옮기고, 그 정보들을 가공하거나 통합하거나 연결해 정보를 더욱 가치 있게 만들고 기억이 오래 남아 있도록 한다. 정보를 장기 기억 장소로 옮기는 일은 찰흙을 덧붙이는 것과 비슷한 일로 비렘수면 동안 일어난다. 정보를 가치 있게 다듬는 일은 조각을 세밀하게 다듬는 일로 렘수면 동안 일어난다. 정보의 저장과 가공이 잠을 자는 동안 반복적으로 일어나면서 가치 있는 정보를 오래 기억할 수 있도록 만들어주는 것이다.

무언가를 공부한다고 해서 그 정보가 바로 장기 기억이 되지 않는다. 이때 공부한 내용은 해마라는 부위에 단기적으로 보관되는데, 해마는 USB처럼 임시적인 보관소에 불과하다. 해마는 용량의 한계가 있기 때문에 많은 정보를 오래 저장해둘 수 없다. 따라서 중요하다고 판단되는 정보들을 선별해 기억으로 남기는데, 정보를 안전하게 보관하기 위해서는 별도의 기억 저장소인 대뇌피질로 옮겨 장기 기억으로 변환시켜야 한다. 깊은 잠을 자는 비렘수면 단계에서는 해마에 저장되어 있던 정보들이 대뇌피질의 기억 창고로 옮겨져 장기 기억으로 공고하게 굳어진다. 이때 해마에서는 SWR<sup>Sharp Wave Ripple</sup>(짧고 날카로운 파장)이 발생된다.

깊은 잠을 자는 동안 대뇌에서 발생하는 서파, 시상에서 발생하는 수면 방추파 그리고 해마의 SWR이 상호작용하면서 기억의 공고화 작용이 일어나는 것이다. 2017년 생쥐를 이용한 실험에서 대뇌피질의 서파가 나타나는 시기에 맞춰 수면 방추파를 유도하면 해마의 SWR이 동원되고 퍼펙트 스톰(개별적으로 보면 위력이 크지 않은 태풍 등이 다른 자연현상과 동시에 발생하면 엄청난 파괴력을 내는 현상)처럼 동조 현상이 나타난다는 것을 밝혀냈다. 이렇게 세 가지 뇌파가 동시에 발생하면 학습한 내용을 장기 기억으로 저장할 가능성이 그렇지 않을 때에 비해 2배 가까이 높아진다고 한다.

## 비렘수면 때는 기억의 응고가 렘수면 때는 정보의 결합이 일어난다

비렘수면이 부족하면 기억의 응고화 과정이 짧아지므로 애써 공부한 내용이 장기 기억으로 전환되지 않고 사라질 수 있다. 신경과학자들이 실험 참가자들을 모집한 후 그들을 두 그룹으로 나누어 한 그룹은 전반기에만 잠을 자도록 하고, 다른 한 그룹은 후반기에만 잠을 자도록 했다. 수면 후반부로 갈수록 렘수면이 길어지기 때문에 전반기에 잠을 잔 그룹은 비렘수면이 많았고 후반기에 잠을 잔 그룹은 렘수면이 주를 이루었다. 피험자들은 잠을 자기 전에 연구진이 내준 과제를 학습했고 피험자들을 대상으로 잠에서 깨자마자 학습한 내용을 테스트했다. 그 결과,

전반기에 잠을 많이 잔 그룹이 후반기에 잠을 많이 잔 그룹에 비해 더욱 많은 정보를 기억했다. 깊은 잠이 부족할수록 애써 공부한 내용을 기억해내는 데 불리하다는 것을 확인할 수 있는 실험이었다.

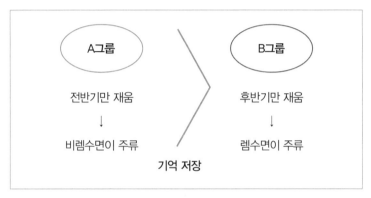

전반기에 잠을 많이 잔 그룹이 후반기에 잠을 많이 잔 그룹에 비해
더욱 많은 정보를 기억했다.

얕은 잠의 단계인 렘수면 동안에는 깨어 있는 동안 받아들인 정보를 검색해 쓸모 있는 정보는 남겨두고 쓸모없는 정보는 버리도록 만든다. 또한, 렘수면 단계에서는 정보 간의 결합이나 통합이 이루어지기도 하고 서로 연관 관계가 없는 것처럼 보이는 정보들을 결합해 새로운 의미를 추출하는 작업이 이루어지기도 한다. 렘수면이 기억을 강화하고 창의성을 높여주는 역할을 하

는 것이다. 렘수면 단계를 거치면서 인간의 두뇌는 더욱 지적인 판단을 할 수 있게 된다. 따라서 렘수면이 부족해지면 창의적인 사고나 인지적인 활동 능력이 떨어진다.

일군의 수면과학자들은 피실험자들을 모집한 후 머리와 얼굴에 전극을 붙인 채 잠을 자도록 했다. 연구진들은 뇌파를 통해 참가자들이 비렘수면 상태인지, 렘수면 상태인지 알 수 있었다. 연구진은 참가자들이 잠을 자는 동안 모두 네 번에 걸쳐 잠을 깨웠는데 두 번은 비렘수면 단계의 초반과 후반에, 나머지 두 번은 렘수면 단계의 초반과 후반에 잠을 깨웠다. 피실험자들이 몽롱한 상태에서 잠에서 깨면 연구진은 그들에게 90초 동안 문제를 주고 답을 맞히도록 했다. 피실험자들이 맞혀야 할 문제는 뒤죽박죽이 된 철자를 이용해서 올바른 단어를 찾는 것이었다. 예를 들어 '이챙올'을 듣고 '올챙이'를 찾아내거나 '빙팥수'를 가지고 '팥빙수'라고 맞추는 식이었다.

실험 결과 비렘수면 단계에서 깨어난 피실험자들은 답을 잘 맞히지 못했다. 생각을 깊이 있게 하지 못해 답을 떠올리는 데 어려움을 겪었으며 문제를 거의 풀지 못했다. 반면에 렘수면 단계에서 깨웠을 때는 답을 맞히는 능력이 급격히 상승했다. 렘수면 단계에서 정답을 맞히는 비율이 비렘수면 단계일 때에 비해 적어도 15%에서 많으면 35%까지 향상됐다. 이 실험 결과는 아주 중요한 점을 시사한다. 렘수면 단계에서는 뇌가 이미 알고 있는 지식과 정보에 따라 논리적인 추론을 하는 것이 아니라, 각성 상태라면 하지 않을, 지식이나 정보들 간의 엉뚱한 연결 고리를 찾는 작업들이 이루어진다는 것이다. 결국 렘수면이 두뇌의 창의성을 높이는 데 있어 아주 중요한 역할을 함을 말해준다.

정리하자면, 정보를 단기 기억에서 장기 기억으로 굳어지도록 만드는 과정과 정보를 선별해서 가공하고 통합하고 응용하는 과정이 잠을 자는 동안 반복적으로 이루어지는 것이다. 비렘수면이 많은 잠의 전반기에는 주로 기억의 응고 과정이, 렘수면이 많은 잠의 후반기에는 정보를 통합하고 가공하는 과정이 일어난다고 보면 된다. 따라서 잠자는 시간이 부족하면 비렘수면과 렘수면 모두 부족해질 수밖에 없고 그로 인한 부작용들이 생길 수 있다. 다음 장에서 그에 대해 조금 더 구체적으로 살펴보자.

# 잠 못 자고 하는 공부는
# 밑 빠진 독에 물 붓기다

시험을 앞둔 사람들 중에는 다급한 마음에 밤을 새워가며 공부하는 경우가 있다. 잠이 안 오게 만드는 각성제나 각성 음료를 마셔가며 밤을 꼬박 새우는 모습은 낯설지 않다. 그런데 과연 이렇게 밤을 새워서 공부하는 것은 효과가 있는 것일까?

수면과학자 매슈 워커는 학생들을 모집한 후 수면과 수면 부족의 두 그룹으로 나누었다. 밤이 되자 수면 집단은 잠을 푹 자도록 했지만 수면 부족 집단은 잠을 못 자도록 만들었다. 다음 날이 되자 두 그룹 모두 오전에는 깨어 있게 한 후 정오쯤에 MRI를 이용해 뇌의 영상을 촬영했다. 그 사이에는 단어 목록을 주고 한 번에 하나씩 암기하도록 했다. 두 그룹 모두 학습 후에는 이틀 동안 잠을 푹 자도록 했다. 이후 시험을 통해 두 그룹의 성적을 측정하자 결과가 극명하게 갈렸다. 첫날밤에 잠을 못 잔 그룹의 성적이 잠을 푹 잔 그룹에 비해 무려 40%나 안 좋았던 것이다. 많은 사람들이 조금이라도 더 좋은 성적을 거두기를 기대하면서 밤을 꼬박 새워가며 공부를 하지만 실제로는 그다지 효과가 없음을 말해주는 실험 결과였다. 앞서 언급한 재영이의 경우에도 다른 이유도 작용했겠지만 잠이 부족한 것이 성적을 오르지 못하게 하는 주요 원인일 수도 있다.

독일 뤼베크대학교의 얀 보른 박사의 실험도 주목할 필요가 있다. 그는 실험 참가자들을 모집한 후 수열의 규칙을 찾아내는 테스트를 진행했다. 다소 난이도가 있는 테스트여서 생각처럼 쉽사리 맞힐 수 있는 문제들이 아니었다. 피실험자들 중 첫 번째 그룹은 전날 밤에 문제를 보여준 후 잠을 충분히 자게 했다. 두 번째 그룹은 전날 밤에 문제를 보여준 후 잠을 전혀 못 자게 했다. 밤을 새도록 한 것이다. 마지막으로 세 번째 그룹은 아침에 문제를 보여준 후 계속 깨어 있게 한 뒤 저녁에 문제를 풀게 했다. 세 그룹을 대상으로 학습한 내용을 테스트한 결과, 가장 좋은 성적을 나타낸 그룹은 전날 밤에 문제를 본 후 잠을 충분히 잔 첫 번째 그룹이었다. 이 그룹의 성적은 다른 그룹에 비해 3배 정도 더 좋았다고 한다.

# 잠을 충분히 자야
# 시험을 잘 볼 수 있다

이처럼 잠은 학습과 기억에 큰 영향을 미친다. 잠을 충분히 자야만 학습한 내용이 공고하게 기억되고, 입력된 정보들 사이의 연결 고리가 강화되어 응용문제에 대한 해결력도 높아진다. 또한, 잠은 학습 능력을 복구시켜주고 새로운 정보를 받아들일 수 있도록 저장 공간을 확보하는 데도 영향을 미친다. 잠이 부족하면 단기 기억이 장기 기억으로 변환되는 효율이 낮아지므로 해마에서 새로운 정보를 추가하기 어려워진다. 이런 상태에서 억지로 학습을 하다 보면 기존 정보에 새로운 정보를 덧씌우는 정보의 간섭이나 망각 등의 현상이 나타난다. 밤에 잠을 충분히 잔 사람들의 해마는 학습과 관련한 활성이 많이 나타나지만, 수면이 부족한 사람들의 해마는 그렇지 않다. 잠을 자지 않으면서 공부를 하면 기억 창고인 해마가 제대로 비워지지 않기 때문에 기억이 오래 가지 않고 금방 휘발된다. 시험이 끝나면 머지않아 모두 잊어버리게 된다.

쉽게 말해 잠자는 시간이 아까워 잠을 줄여가며 공부를 하지만 알고 보면 그러한 학습은 마치 밑 빠진 독에 물을 붓는 것이나 다를 바 없는 셈이다. 밤새워 공부를 하면 아무리 오랜 시간 자리에 앉아서 공부를 한들 학습한 내용이 두뇌에 남아 있지 않을 가능성이 높다. 입력한 내용이 장기 기억으로 변환되어 응고될 시간이 부족하기 때문이다. 그러므로 아무리 공부를 많이 해도 학습한 내용이 머리에 잘 남아 있지 않는 것 같다는 생각이 든다면 잠을 충분히 자고 있는지 자신의 수면 습관을 되돌아볼 필요가 있다.

앞서 얘기한 재영이 엄마로부터 3개월쯤 지난 후에 연락이 왔다. 재영이와 잠자는 시간을 두고 꽤 설전을 벌이고 갈등도 있었지만 세 달 정도만 잠자는 시간을 늘려보고 효과가 없으면 다른 방법을 찾기로 타협했다고 한다. 결정을 내린 날부터 재영이는 밤 12시면 잠자리에 들려고 노력했고 하루에 적어도 6시간에서 6시간 반 정도 잠을 잘 수 있었다. 그러자 놀라운 변화가 이어졌다. 가장 먼저 나타난 변화는 머리가 멍하던 증상이 사라졌다고 한다. 또한, 공부 시간을 줄이고 잠을 더 잤음에도 불구하고 오히려 이전보다 공부가 더 잘된다고 했다. 내게 연락하기 직전에 모의고사가 있었는데 그렇게 노력을 해도 올라가지 않던 성적이 소폭이긴 했지만 유의미한 수준으로 올라갔다고도 했다. 재영이 엄마의 연락을 받고 나는 충분한 수면 시간을 확보하는 것이 성적 향상에 얼마나 중요한지 다시 한번 확인할 수 있었다.

# 공부 정서까지 뒤흔드는
# 수면 부족

    뇌의 기억과 학습에는 정서와 감정이 상당히 많은 영향을 미치지만 잠을 제대로 자지 못하면 육체적인 측면뿐만 아니라 정신적인 측면에서도 문제를 만들어낼 수 있다. 잠이 부족할 경우 편도체의 기능이 평소에 비해 과다하게 활성화된다. 편도체는 공포나 두려움, 불안 등 부정적인 정서를 관장하는 두뇌 부위다. 또한, 잠이 부족하면 전전두엽과 편도체 사이의 신경 다발 연결이 약화된다. 전전두엽과 편도체 사이에는 핫라인과 같은 고속도로가 연결되어 있어서 편도체가 지나치게 불안을 느끼거나 두려움을 느끼면 그 감정이 전전두엽으로 전달된다. 편도체로부터 신호를 받은 전전두엽은 억제력을 발휘해 부정적인 감정을 물리치고 정서적으로 안정 상태를 유지하려고 한다.

전전두엽과 편도체 사이의 신경 다발 연결이 약화된다는 것은 이 기능이 제대로 이루어지지 않음을 의미한다. 즉, 편도체에서 올라오는 부정적인 감정들을 알려주는 핫라인이 제대로 작동하지 않아 전전두엽이 그것을 제대로 통제하지 못하는 것이다. 편도체가 내보내는 부정적인 감정을 전전두엽이 이성적으로 억제해야 하는데 이를 컨트롤하는 힘이 약해지면 감정의 뇌에 주도권을 빼앗겨버리고 만다. 그 결과, 사소한 일에도 짜증이나 화를 내고, 초조하고 민감하게 대응한다. 반면에 그것을 제어하고 통제해주는 브레이크 장치는 제대로 작동하지 않게 된다. 요컨대 잠이 부족하면 감정 조절이 어려워진다.

수면 부족은 편도체를 지나치게 활성화된 상태로 만들기도 하지만 선조체라는 부위도 지나치게 활성화시킨다. 이 부위는 감정 중추로, 충동이나 보상에 관여하며 도파민에 민감하게 반응한다. 칭찬을 받거나 보너스처럼 무엇인가 보상이 주어졌을 때 쾌감을 느끼도록 해주는 부위가 선조체다. 수면이 부족하면 이 부위 역시 과도하게 활성화되어 별것 아닌 일에도 기분이 좋아진다.

잠이 부족한 사람들은 부정적 감정을 주관하는 편도체와 쾌감을 주관하는 선조체가 모두 활성화된 상태이다 보니 감정이 널을 뛸 때가 잦다. 지나치게 활성화된 편도체로 인해 불안하고 안절부절못하는 상태에 빠졌다가도 지나치게 활성화된 선조체로 인해 한순간에 흥분하고 들뜬 상태로 넘어간 후 다시 초조한 상태로 되돌아오는 식으로 마치 롤러코스터를 타듯 짧은 시간 동안 감정이 요동치는 경우가 많다. 조증과 울증이라는 양극을 오가는 것이다.

이렇게 흥분된 상태와 우울한 상태를 극단적으로 오가게 되면 감정 에너지가 쉽게 고갈되고 공격적이거나 신경질적인 성향이 나타날 수 있다. 정서적으로 안정되지 못하고 불안을 느끼는 경우도 많다. 이런 정서 상태에서는 두뇌 에너지가 부족해질 수밖에 없고 공부에 몰입하기가 쉽지 않다. 수능처럼 장기적인 시험에 대비하기 위해서는 공부를 열심히 하는 것도 중요하지만 정서적으로 안정감을 갖는 것도 중요하다. 아무래도 중요한 시험을 앞두고 있으면 학업 스트레스나 감정의 불안정으로 인해 공부 효과가 떨어질 수 있는데, 여기에 수면 부족까지 겹치면 학업 효율이 더 낮아질 수밖에 없다. 나아가 잠이 부족한 사람들은 우울증에 빠질 확률이 높은데 우울증이 잠을 못 이루게 만드는 원인으로 작용하는 악순환에 빠져들게 된다.

# 정말 잠잘 시간이 없을 때 쓰는
# 최후의 전략

 

이 글을 읽으면서 '잠을 안 자고 공부해도 성적이 잘 나오던 데' 하고 생각하는 사람도 있을지 모른다. 하지만 그런 생각은 대단히 오만하고 잘못된 생각이다. 잠이 부족한 뇌는 과열된 신경 덩어리일 뿐이다. 마치 오래 켜둔 백열전구가 손도 댈 수 없을 정도로 뜨겁게 달아오르는 것처럼 뇌도 잠을 못 자면 그런 상태가 된다. 오랜 시간에 걸쳐 잠이 부족하면 뇌는 효율이 저하된 상태로 최적화되어버린다. 100이라는 역량을 발휘할 수 있는 두 뇌가 50이나 60정도의 상태에서 최적화되는 셈이다. 당연히 나머지 40만큼은 역량을 발휘할 수 없게 된다. 사람들은 50이나

60만큼의 역량을 발휘하는 뇌의 상태를 두고 자신이 100만큼의 역량을 모두 발휘하는 상태라고 착각한다. 그래서 '잠을 안 자고 공부해도 성적이 잘 나오던데'라는 생각을 하는 것이다. 하지만 잠을 충분히 자면 뇌의 상태가 훨씬 더 좋아져서 더욱 좋은 성적을 거둘 가능성이 커진다. 조금 더 잠에 투자하면 지금보다 좋은 성적을 올릴 수 있음에도 불구하고 현재의 상태에 만족하고 타협하는 것이다.

## 부족한 잠,
## 몰아서 자도 괜찮을까?

그렇다면 평일에 부족했던 잠을 주말에 몰아서 자면 어떨까? 실험 결과에 따르면 평일에는 잠을 7시간 이하로 자는 대신 주말에 40분씩 더 잔 학생들은 평일에 잠을 충분히 잔 학생들에 비해 9% 정도 성적이 하락했다고 한다. 복잡한 군대 설비를 다루는 군인들을 대상으로 한 연구에서도 하룻밤 동안 잠이 부족하면 인지능력은 30% 정도 떨어지고, 이틀간 잠이 부족하면 인지능력이 60%까지 떨어졌다. 이러한 연구 결과들은 한 번 부족해진 수면 시간은 쉽사리 보충할 수 없으며, 원래 상태로 복구하기 힘듦을 나타낸다.

잠자리에 드는 시간과 수면 습관도 중요하다. MIT의 연구진은 학생들의 수면과 학업 성적 간의 상관관계를 분석했다. 엔지니어링 수업을 듣는 100명의 학생들에게 걸음 수나 심박수, 수면의 질, 걸은 계단의 수 등을 측정할 수 있는 스마트 밴드인 핏빗을 나누어주고 그들의 데이터를 수집했다. 데이터를 분석한 결과, 잠자리에 드는 시간과 수면 습관, 잠을 잔 총 시간 등에 따라 성적이 달라졌다고 한다.

연구진에 따르면 시험 전날만 잠을 잘 자는 것이 아니라 과목을 학습하는 기간 내내 잠을 충분히 자야만 좋은 성적을 거둘 수 있다고 한다. 특히 잠자리에 드는 시간이 중요하다고 한다. 똑같이 7시간을 잔다고 해도 새벽 1시 이전에 잠을 자는 학생들의 성적은 대개 비슷했지만 새벽 2시가 넘어 자는 학생들의 학업 성적은 나빴다고 한다. 새벽 2시가 넘어 자면 7시간을 자도 수면의 질 측면에서 무의미해진다는 것이다. 즉, 중요한 시험을 앞두고 있다고 해도 새벽 1시가 넘어서까지 책상 앞에 앉아 있는 것은 삼가야 한다. 앞서 언급했던 재영이가 새벽 2시를 넘기고서야 잠자리에 들면서도 원하는 성적을 얻지 못한 것도 이 연구 결과를 보면 이해가 된다.

수면의 질과 시간을 일관되게 유지하는 것도 중요하다고 한

다. 같은 양의 잠, 예를 들어 하루 평균 똑같이 7시간씩 잔다고
해도 매일 7시간씩 잠을 자는 학생들과 오늘은 5시간을, 내일은
9시간을 자는 식으로 불규칙한 양의 수면을 취하는 학생들 사이
에는 성적에 유의미한 차이가 나타난다는 것이다. 당연히 불규
칙하게 잠을 자는 학생들보다 매일 7시간씩 규칙적으로 잠을 자
는 학생들의 성적이 더욱 뛰어나다.

## '쇼트 슬리퍼'는
## 아주 예외적인 현상일 뿐

그런데 간혹 우리 주변에 보면 6시간 미만의 짧은 시간만 자
도 괜찮아 보이는 사람들이 있곤 하다. 전체 인구의 5% 정도는
하루에 4~5시간만 자도 활기 넘치게 생활할 수 있는 쇼트 슬리
퍼short sleeper라고 한다. 이들의 유전자에는 잠을 짧게 자도 활력
을 회복할 수 있는 프로그램이 선천적으로 내장되어 있다. 그렇
기 때문에 쇼트 슬리퍼들은 잠을 적게 자도 낮에 일상생활을 하
는 데 전혀 지장이 없다. 하지만 대부분의 보통 사람들은 그렇지
않다. 어쩌다 한두 번 시험을 앞두고 잠을 줄일 수는 있겠지만,
수능과 같이 장기간에 걸쳐 준비가 필요한 시험에서 누적적으로

잠을 줄여가며 공부에 매달리는 것은 득보다 실이 더 크다. 그렇게 한 번 공부 습관을 잘못 들이게 되면 우리 뇌의 성능은 성인이 되어서도 온전히 회복되지 않을 수 있다. 청소년기에 잘못 세팅된 뇌로 인해 성인이 되어서 자기 기량을 발휘하지 못하게 되는 것이다.

불행하게도 잠을 푹 자고 싶어도 쉽게 잠들지 못하는 사람들도 있다. 잠에 들더라도 길게 자지 못하는 등 수면 장애를 가진 사람들이 많다. 시험을 준비하는 사람들 중에는 이런 사람들이 꽤 있을 것이다. 2006년 3월 〈네이처〉에 흥미로운 논문이 한 편 실렸다. 하루에 6시간 이상 수면 시간을 확보하기 어렵다면 눈을 감는 것만으로도 뇌가 잠을 자는 것과 동일한 효과를 얻을 수 있다는 것이다. 눈을 감으면 외부로부터의 정보 입력이 차단됨으로써 뇌에서 정보를 정리할 여유를 가질 수 있게 된다. 덕분에 수면 과정에서 이루어지는 기억 정리와 동일한 효과를 얻게 된다. 만일 어떠한 이유로 제대로 수면을 취하지 못했더라도 뇌가 독자적으로 작업을 수행할 수 있는 환경을 만들어준다면 수면을 어느 정도 대체할 수 있는 효과를 기대해볼 수 있다. 물론 이는 어쩔 수 없는 경우에 취해야 하는 대체 전략일 뿐임을 기억하자. 가장 좋은 것은 역시 잠을 충분히 자는 것이다.

# 수험생의 침실에
# 절대 두어서는 안 되는 것

전자 기기에서 방출되는 청색 파장(블루 라이트)이 수면에 안 좋은 영향을 미친다는 사실은 이미 널리 알려졌다. 2015년에 발표된 한 연구 결과에 따르면, 잠들기 전에 킨들이나 아이패드처럼 빛을 방출하는 기기를 이용해 독서를 할 경우 졸음이 오게 만들어주는 호르몬인 멜라토닌 분비가 줄어들어 졸음을 못 느끼게 되고 결국 잠들기까지 걸리는 시간이 길어지는 것으로 나타났다. 또한, 일주기 리듬이 깨지고 얕은 잠의 양이 줄어들어 다음 날 아침에 정신이 맑지 못하다고 한다. 이런 일이 반복될 경우 우울증에 걸릴 확률도 높아진다. 수면과학자 매슈 워커에 의하면, 잠들기 전에 2시간 동안 아이패드를 이용해 독서를 한 사람들은 멜라토닌의 분비량이 23%나 줄었다고 한다. 멜라토닌 분비량이 50%나 줄었다는 연구 결과도 있다. 종이책을 볼 때는 밤이 깊어가면서 자연스럽게 졸음을 유발하는 멜라토닌의 농도가 올라가 쉽게 잠들 수 있었지만 아이패드와 같은 전자 기기를 이용해 책을 읽을 때는 멜라토닌의 분비량이 줄어들어 잠이 쉽게 오지 않고 잠드는 시간이 늦어진다는 것이다.

세로토닌의 분비로 신체가 활력을 찾고 멜라토닌의 분비로 졸음을 느껴 잠드는 과정이 24시간에 맞춰 규칙적으로 이루어져야 건강한 일주기 리듬을 유지하고 질 좋은 수면을 취할 수 있다. 하지만 전자 기기에서 발생하는 청색 파장은 우리 뇌에 아직 주변이 밝으니 잠을 잘 때가 아니라는 신호를 준다. 그에 따라 멜라토닌의 분비가 늦춰지면서 자야 할 시간이 지나서까지 수면 욕구를 느끼지 못하게 된다. 잠자리에 든 시간과는 상관없이 아침에는 정해진 시간에 일어나야 하므로 이런 패턴이 오랜 기간 반복되면 피로가 쌓이게 되고 결국 일주기 리듬이 망가질 수밖에 없다.

스마트폰이나 아이패드와 같은 휴대용 전자 기기뿐만 아니라 LED 모니터를 사용하는 노트북이나 데스크톱 같은 컴퓨터 역시 마찬가지다. 이러한 기기들로부터 방출되는 청색 파장은 수면을 빙해하는 요인으로 작용한다. 즉, 이러한 기기들의 사용이 장시간 이어질 경우 학습 효율이 떨어지는 것은 불을 보듯 뻔한 일이다. 그러므로 잠을 잘 자기 위해서는 잠들기에 앞서 전자 기기를 사용하는 일을 가급적 줄여야 한다. 같은 맥락에서 PC를 이용해 하는 공부보다는 종이책을 보며 공부하는 편이 좋다. 만일 인터넷 강의 수강 등을 위해 PC로 공부를 해야 한다면 잠자리에 드는 시간과 가급적 멀리 떨어진 시간에 사용하는 것이 바람직하다. 방 안을 밝혀주는 밝은 조명도 뇌의 입장에서는 밤이 아니라 낮이라는 인식을 심어주지 않을까 걱정할 수도 있을 텐데 형광등 정도의 밝기를 가진 불빛은 멜라토닌 분비에 큰 영향을 주지 않는다.

청색 파장의 유해성에 대해 반박하는 연구 결과들도 있기는 하다. 청색 파장이 수면을 방해하지 않는다는 것이다. 하지만 대다수의 연구 결과들은 청색 파장이 멜라토닌 분비를 줄이고 수면 시간을 늦추는 효과가 있다고 말하고 있으므로 가급적이면 전자 기기 사용을 줄임으로써 건강한 수면과 일주기 리듬을 유지하는 것이 좋겠다.

# 4장

**운동**
**_몸을 움직여야**
**뇌가 활성화된다**

# 움직임은
# 뇌의 유일한 존재 이유다

《처음 만나는 뇌과학 이야기》라는 책을 펴내고 난 후 3년 정도
가 흐른 후에 독자로부터 한 통의 이메일을 받았다. 내가 TV에
나온 모습을 보고 책을 사보게 됐다는 독자의 사연은 내게 큰 감
동을 안겨주었다. 자신은 중학생 아이를 키우는 싱글맘인데 경
제적으로 늘 빠듯한 편이다 보니 아이에게 책도 제대로 못 사주
고, 학원은 고사하고 흔한 인터넷 강의조차 신청을 해주지 못해
늘 미안한 마음을 가지고 있다고 했다. 그렇다고 없는 형편에 무
리해서 사교육을 시킬 수가 없었는데 내가 쓴 책에서 운동만 해
도 성적이 올라갈 수 있다는 내용을 읽고 실천해보기로 결심했

다고 한다.

막상 아이에게 운동을 하라고 권하기는 했지만 대부분의 청소년들이 그렇듯이 잠자는 것을 더 좋아했던 아이는 엄마 말을 귓등으로 흘려들으며 운동하려는 의지를 보이지 않았다. 아이가 말을 듣지 않자 엄마가 먼저 솔선수범하는 모습을 보이기로 결심했다. 출근하기에 앞서 평소보다 1시간쯤 일찍 일어나 근처 공원을 40여 분씩 뛰기 시작했다. 엄마가 먼저 운동하는 모습을 보이자 아이도 서서히 마음을 열고 운동에 동참하기 시작했다. 하루 종일 여러 가지 일을 하며 생활비를 벌어야 했기에 몸이 견딜 수 없이 피곤했지만 아이를 위해 이를 악물고 버텨냈다고 한다. 그렇게 6개월 정도의 시간이 지나자 자신과 아이에게 많은 변화가 나타나기 시작했단다.

무엇보다 몸이 건강해졌고 정신적으로도 달라졌다고 한다. 운동을 시작하기 전에는 가벼운 우울감이 있었고 대체로 무기력하고 부정적인 편이었다면, 운동을 시작하고 난 후에는 우울감이 사라지고 즐거운 생각을 하는 일이 많아졌다고 한다. 견딜 수 없던 피로도 오히려 운동을 하고 나서부터는 씻은 듯 사라졌고 아이의 얼굴도 이전에 비해 밝아지기 시작했다고 한다. 고무적인 것은 운동을 시작한 후 아이의 집중력이 좋아졌고 성적도 조금씩 오르기 시작했다는 것이다. 이렇게 변화를 체감하자 아이가 공부에 흥미를 가지고 더욱 집중할 수 있게 됐다고 했다. 처음에는 내 말을 반신반의했지만 속는 셈치고 운동을 한번 해보자고 결심한 결과, 아이의 성적이 상승했을 뿐만 아니라 자신의 성격까지 바꾸어놓았다면서 앞으로도 꾸준히 운동을 할 계획이라고 전했다.

## 공부는 머리로만 하는 일이 아니다

우리나라 청소년 교육은 철저히 대학 입시에 맞춰져 있다. 고등학생은 물론이거니와 중학생만 돼도 아이들과 학부모들은 대학 입시를 걱정하기 시작하고 학교 교육도 수능 대비를 염두에 두고 이루어진다. 심지어 요즘은 초등학교에 들어가면서부터 대학 입시 준비를 위해 학원을 전전하는 아이들이 많다고 하니 놀라지 않을 수 없다. 대학 입시는 살면서 거치게 되는 수많은 관문 중 하나임에도 불구하고 시험 결과가 평생을 두고 꼬리표처럼 따라다니다 보니 어린 시절부터 공부에 매달리지 않을 수 없는 모양이다. 참으로 안타깝기 그지없는 현실이다.

이처럼 인생에서 대학 입시 결과가 차지하는 비중이 지나치게 높다 보니 부모나 교사는 아이들에게 줄기차게 공부 좀 열심히 하라고 다그친다. 문제는 시험이 끝날 때까지는 진득하게 자리에 앉아 두뇌 활동만 하길 원한다는 것이다. 많은 학부모들은 자녀가 책상 앞에 오랫동안 우직하게 앉아 있을수록 공부를 열심히 한다고 여긴다. 한창 성장하는 시기임에도 불구하고 아이들의 육체적인 움직임에 대해서는 별 관심이 없고 그다지 중요하게 생각하지도 않는다. 공부는 머리로 하는 것이니 몸을 움직이는 것과는 상관이 없다고 여기는 것이다. 학교에서도 입시가 다가올수록 체육 시간이 슬그머니 사라지거나 자율 학습 시간으로 변형되어 운영되기 일쑤다. 그만큼 학교 안팎에서 육체적인 활동은 무시되거나 그 중요성이 간과되고 있다. 하지만 이는 크나큰 착각이다. 공부를 잘하기 위해서는 몸을 움직이는 것에도 소홀해서는 안 된다. 운동을 하는 것만으로도 두뇌를 학습을 잘하기 위한 준비 상태로 만들 수 있다. 운동이 집중력을 높여주어 성적 향상으로까지 이어질 수 있기 때문이다.

운동이 성적을 올려주는 이유는 뇌와 몸이 별개의 기관이 아니라 하나로 연결되어 있기 때문이다. 뇌는 '자극'과 '반응'을 위해 존재한다. 다시 말해 외부에서 혹은 신체 내부에서 입력되는 각종 자극을 받아 이에 적합한 반응을 하도록 우리 몸을 컨트롤하는 것이 뇌가 하는 주요한 일이다. 가령, 가려움이라는 자극이 주어지면 뇌는 손으로 긁게 함으로써 가려움을 없애려는 반응을 나타낸다. 배가 고프다면 음식물을 섭취해 허기를 없애는 것도 뇌의 작용이다. 누군가가 하는 말을 듣고 그에 따라 행동하거나 반론을 제기하고, 책을 읽으며 이해하거나 의문을 가지는 등의 사고 활동 역시 마찬가지다. 이 모든 것은 자극과 반응의 조합이다. 만일 외부에서 주어지는 자극이 없으면 뇌는 존재할 수가 없다. 대니얼 월퍼트라는 공학자는 '뇌의 유일한 존재 이유는 움직임이다'라고 말하기도 했다.

몸을 많이 움직일수록 뇌는 많은 자극을 받고 활성화된다. 공부를 잘하는 비결 중 하나는 뇌로 하여금 공부하는 내용을 받아들이고 흡수할 수 있는 상태로 만드는 것이다. 운동은 뇌가 학습 내용을 받아들일 수 있는 준비 상태로 만들어준다. 따라서 무작정 책상 앞에 앉아 공부를 시작하는 것보다는 짧은 시간이나마 운동을 하고 공부를 시작하는 것이 바람직하다.

# 당신의 뇌에
# 운동화를 신겨라

그렇다면 운동은 구체적으로 뇌에 어떤 영향을 미칠까? 뇌과학이 본격적으로 연구되기 시작한 1980년대까지만 해도 뇌는 한 번 만들어지면 이후에는 고정된 상태로 남아 있는 것으로 알려졌다. 즉, 한 번 만들어진 뇌세포는 시간이 지남에 따라 사멸하기만 할 뿐 새로운 신경세포가 만들어지는 일은 없는 것으로 알려졌다. 하지만 1990년대가 지나자 뇌를 실시간으로 들여다볼 수 있는 영상 장비와 촬영 기법들이 등장하기 시작했고, 이를 통해 뇌의 활동을 촬영하고 분석한 결과 뇌에서도 새로운 신경세포가 만들어진다는 사실을 알게 됐다.

그렇다고 해서 뇌의 모든 부위에서 신경세포가 새로 만들어지는 것은 아니다. 크게 세 부위에서 새로운 신경세포가 만들어지는데 바로 해마와 소뇌 그리고 후각구다. 해마는 익히 설명했던 것처럼 학습이나 기억과 관련된 기관인데 그중에서도 치상회라는 곳에서 새로운 줄기세포가 만들어진다. 이곳에서 만들어진 줄기세포는 시간이 지나면서 신경세포로 발달해 뇌 기능을 강화해준다. 소뇌는 뒤통수 부근의 쏙 들어간 곳에 자리 잡고 있는 뇌로 움직임이나 자세 제어 등에 관여한다. 후각구는 이름 그대로 냄새를 맡는 역할을 담당한다. 뇌의 여러 부위 중에서도 오로지 이 세 부위에서만 세포 재생이 이루어진다.

새로 만들어진 신경세포의 숫자는 노화로 인해 사멸되는 신경세포의 숫자에 비해 비교되지 않을 만큼 적다. 그래서 나이가 들수록 뇌 안의 신경세포 숫자가 줄어드는 상황은 피할 수 없다. 게다가 새로 만들어진 신경세포가 모두 살아남는 것도 아니다. 비록 신경세포가 새로 만들어진다고 해도 이를 사용하지 않으면 그 세포는 죽고 만다. 새로 만들어진 신경세포가 죽지 않고 살아남아 두뇌 기능을 강화시켜줄 수 있게 해주는 것이 바로 운동이다. 운동이 직접적으로 공부를 잘하게 만들어주는 수단으로 작용하는 것은 아니지만 운동을 하지 않았을 때에 비해 두뇌 상태를 훨씬 더 학습에 유리하게 만들어준다.

# 운동은
# 무기력했던 뇌를 춤추게 한다

미국 솔크생물학연구소에서 쥐를 이용한 실험을 통해 운동의 효과를 입증했다. 여러 마리의 쥐를 두 그룹으로 나눈 후 한 그룹은 쳇바퀴, 즉 운동 시설이 설치된 우리에서 지내게 하고, 다른 한 그룹은 쳇바퀴가 없는 우리에서 지내게 했다. 쳇바퀴가 설치된 우리의 쥐들은 원하는 만큼 언제든 자유롭게 운동할 수 있었지만, 쳇바퀴가 없는 우리의 쥐들은 먹고 자고 어슬렁거리며 우리 안을 돌아다닐 뿐이었다. 이렇게 한 달 반을 지내게 한 후 쥐들에게 모리스 미로 실험을 했다. 모리스 미로 실험은 원형의 조그마한 수영장 한쪽에 탈출할 수 있는 발판을 설치해두고 불투명한 액체를 가득 채워 바닥이 보이지 않는 상태로 만든 후 쥐들을 수영장에 넣어서 발판을 찾아가도록 만든 지능 측정 실험이다.

쥐들은 바닥이 보이지 않으므로 탈출할 수 있는 발판이 어디에 있는지 모른다. 따라서 처음에는 발판을 찾기까지 꽤 많은 시간이 걸린다. 하지만 실험을 반복할수록 학습 효과에 의해 발판을 찾는 시간이 짧아진다. 이 실험에서 운동을 한 그룹의 쥐들은 운동을 하지 않은 그룹의 쥐들에 비해 발판을 찾아가는 시간과 이동 거리가 상대적으로 짧았다. 실험을 마친 후 두 그룹의 쥐들에게 세포 성장을 관찰할 때 사용하는 특수 방사성 물질을 투여하고 이를 영상 장비로 촬영하자 해마 부위에서 노란색 빛이 나타났다. 이는 쥐들의 해마에서 새로운 신경세포가 만들어졌음을 나타낸다. 중요한 점은 쳇바퀴가 설치된 우리에서 지낸 쥐들의 해마에서 만들어진 신경세포가 쳇바퀴가 없는 우리에서 지낸 쥐들의 해마에서 만들어진 신경세포보다 15%나 더 많았다는 사실이다. 이는 운동을 한 쥐들의 뇌에서 새로운 신경세포가 더욱 활발하게 만들어졌으며, 그 결과 두뇌 활동이 활발해짐에 따라 더욱 짧은 시간에 수중미로를 탈출할 수 있게 됐음을 의미한다. 운동이 신경세포의 형성을 촉진하고 뇌를 활성화하며 두뇌 회전을 촉진함으로써 기억과 인지 속도를 높여준다는 사실이 증명된 실험이었다.

운동이 뇌의 인지능력을 향상시켜줌을 보여주는 연구 결과는 또 있다. 호주 애들레이드대학교 연구진은 20대에서 30대 초반의 실험 참가자들에게 운동을 하도록 하고 15분 간격으로 두뇌의 변화를 체크했다. 측정 결과, 운동 후 15분이 지나면서부터 뇌의 가소성이 높아졌는데 이는 기억력이나 신체 조절 능력이 좋아졌음을 의미한다. 연구진에 따르면 하루 30분간 조깅이나 자전거 타기와 같은 유산소 운동을 하면 기억력이나 두뇌의 신체 조절 능력이 향상된다고 한다. 또 다른 연구에서는 운동 강도를 높이면 단 2분만의 운동으로도 기억력과 문제 해결력, 집중력과 언어능력 등이 두루 향상된다고 한다. 물론 짧은 운동의 효과는 일시적이긴 하지만 말이다.

# 운동, 학습에 최적화된
# 뇌를 만들어주는 치트키

　식물을 키울 때 단단하게 얼어붙은 땅에 씨앗을 뿌리기보다는 봄이 되어 보드랍고 촉촉하게 바뀐 땅에 씨앗을 뿌리는 편이 발아율이 훨씬 높을 것이다. 공부도 마찬가지다. 경직된 뇌보다는 유연한 뇌가 학습 내용을 더 쉽게 받아들인다. 공부를 하기 전에 뇌를 학습하기 좋은 상태로 말랑말랑하게 만들어두면 학습 내용을 습득하고 이해하는 데 훨씬 도움이 된다. 운동을 하면 뇌로 가는 혈류량이 크게 증가하는데 이로 인해 두뇌가 활성화될 뿐만 아니라 뇌에서 분비되는 신경전달물질의 배출도 활발하게 이루어져 정서적으로 안정된다.

# 운동은
# 체내 신경전달물질의 분비를 촉진한다

엔도르핀은 행복감을 느끼게 해주는 호르몬인데 운동을 하면 엔도르핀 분비가 늘어나 학습에 알맞은 정서적 상태를 만들어준다. 또한, 아세틸콜린은 새로운 정보를 기억하고 기존의 정보를 불러내는 데 중요한 역할을 하는데 운동을 하면 뇌의 혈액순환이 개선되어 분비가 촉진된다. 이뿐 아니라 운동은 세로토닌과 도파민, 노르에피네프린 등의 신경전달물질 분비도 촉진한다. 세로토닌은 각성 상태를 높여주고 기분을 명랑하게 만들어준다. 더불어 신체 활력을 높여주기도 하고 정서적인 만족감을 느끼게 해준다. 만약 세로토닌이 제대로 분비되지 않으면 우울감이 높아지고 뇌의 CEO인 전전두엽의 기능이 약화된다. 이로 인해 이성적이고 논리적인 사고를 하기 어려워지고 유연한 판단력과 집중력 등이 저하된다. 그뿐만이 아니다. 세로토닌은 작업 기억과 메타 인지와도 밀접한 관계가 있기 때문에 세로토닌이 부족한 상태에서는 높은 학습 성과를 기대하기 어렵다.

도파민 역시 집중력, 만족감, 성취감 등을 느끼게 해주는 신경전달물질이다. 도파민은 흔히 기분을 좋게 만들어주는 쾌감 물질로 알려졌다. 만일 전두엽에서 도파민을 제대로 수용하면 집중력이 좋아진다. 학습에 집중하고 몰입할 수 있는 준비 상태가 되는 것이다. 아이들에게 칭찬을 해주면 수업 시간에 집중력이 높아지는데 이는 도파민이 분비되기 때문이다. 각성제를 마시고 나면 밤늦게까지 공부를 해도 피곤하지 않고 공부가 잘되는 것 같은 느낌을 받는 것도 각성제의 주요 성분이 뇌에서 도파민 수용을 늘려줌으로써 각성 수준을 높이기 때문이다.

초등학생인 우현이는 평소 주의가 산만하고 집중력이 떨어지는 편이었다. 수업 시간에 참을성 있게 앉아 있지 못하고 자주 부스럭거리며 딴짓을 하곤 했다. 검사 결과, 우현이는 ADHD 판정을 받지는 않았지만 그 경계에 있는 것으로 나타났다. 우현이의 부모는 약물 치료를 하는 대신 운동을 통해 교정을 해보기로 했다. 6개월여에 걸쳐 꾸준히 줄넘기와 달리기 등 운동을 한 결과, 놀랍게도 우현이의 산만한 행동은 크게 개선됐다. 더 이상 수업 시간에 딴짓을 하지 않고 선생님 말씀에도 집중할 수 있게 됐다. 우현이의 경우 운동으로 인해 도파민 수용 능력이 높아짐으로써 주의력과 집중력이 향상됐다고 볼 수 있다.

노르에피네프린은 긴장 상태에서 분비되는 교감신경계 물질이다. 스트레스를 받거나 흥분했을 때 분비되는데 심장박동을 빨라지게 하고 폐를 열어 더 많은 산소를 받아들일 수 있게 해준다. 치과에서 신경 치료를 할 때 투여하는 마취제 중에는 노르에피네프린 성분이 포함된 것도 있다. 미취제기 빨리 흡수되어 효과가 빨리 나타나도록 하기 위해서다. 그래서 마취 주사를 맞으면 심장이 쿵쾅거리는 느낌을 받는다. 지나치게 많으면 문제가 되지만 각성 상태를 유지하기 위해서는 어느 정도의 노르에피네프린이 필요하다. 노르에피네프린은 긴장을 풀지 않고 각성 상태를 높여주는 역할을 한다. 즉, 우리 뇌가 더 빨리 기민하게 일할 수 있도록 돕고 기분을 띄워주고 집중이 잘 되도록 만들어주는 신경전달물질이다.

운동이 뇌를 학습하기 좋은 상태로 만들어주는 이유는 운동을 하면 세로토닌, 도파민, 노르에피네프린의 세 가지 신경전달물질의 분비가 촉진되기 때문이다. 우울감을 많이 느끼는 사람들은 노르에피네프린이나 도파민, 세로토닌과 같은 신경전달물질이 뇌 안에 결핍되어서 그렇다. 반면에 이 물질들의 분비가 늘어나면 각성 상태가 오랫동안 유지될 수 있고 정서적으로도 안정되기 때문에 학습 내용에 주의를 집중하고 몰입할 수 있게 된다. 그로 인해 공부한 내용이 머리에 잘 들어올 수 있고 이해도 빠르게 되므로 적은 시간을 투입하고도 더 많은 내용을 학습할 수 있는 등 공부 효율이 극대화된다. 또한, 수험 생활을 하다 보면 불안이나 학업 스트레스를 겪기 쉬운데 이때 운동을 하면 불안한 정서 상태에서 벗어나는 데 도움이 된다.

# 운동은
# 소뇌의 기능도 향상시킨다

소뇌의 기능이 향상되는 것도 운동의 효과 중 하나다. 소뇌는 뇌의 전체 부피 중 10% 정도로 크지는 않지만 뇌에 존재하는 뉴런의 절반이 분포되어 있다. 소뇌는 정밀한 움직임이나 자세 제어와 관련된 부위이기 때문에 소뇌가 손상되면 제대로 서 있거나 걷지 못한다. 이 외에도 생각의 협응이나 정보 처리, 체계적인 사고 등과 같은 중요한 역할을 담당한다. 이와 같은 활동들은 정보의 처리 속도와도 관련이 있다. 여기서 처리 속도란 새로운 정보를 얼마나 빨리 자기 것으로 흡수하는지를 가리킨다. 운동을 하면 소뇌의 혈류 흐름이 빨라지고 활성도가 높아져서 정보 처리 속도와 정보 흡수 속도가 빨라진다. 운동을 한 아이들이 그렇지 않은 아이들에 비해 학습 효과가 높으리라는 사실은 이제 두말할 필요가 없을 만큼 이해했을 것이다.

이처럼 운동은 학습 성과를 올리는 데 큰 역할을 한다. 몸과 두뇌는 밀접하게 관련되어 있기 때문에 몸을 잘 움직이면 뇌를 활성화시킬 수 있다. 활성화된 뇌는 새로운 학습 내용을 받아들일 여력이 많아진다. 꼼짝 않고 책상 앞에 앉아 공부만 할 때보다 운동을 병행하며 공부할 때 공부 효율이 높아지는 것은 당연하다. 그러니 아이들을 숨 쉴 틈도 없이 학원으로만 돌리지 말고 짬을 내어 하루에 30분씩이라도 땀을 흠뻑 흘릴 정도의 강도로 운동할 기회를 만들어주는 것이 효과적인 학습 전략이다.

만일 아이가 집중력이 낮거나 공부하는 데 어려움을 겪는다면 우현이처럼 하루 1시간 정도씩 운동을 시키는 것도 괜찮은 방법이다. 공부한 내용을 받아들일 준비가 전혀 안 되어 있는데 억지로 책상에 앉혀놔야 공부 효율이 오르지 않는다. 오히려 공부를 강요할수록 아이들은 학습과 더욱 담을 쌓기 마련이다. 자녀와 공부를 하네 마네 실랑이를 벌일 시간에 차라리 1시간 정도는 없는 시간이라 여기고 운동을 시키는 편이 낫다.

요즘에는 공부를 시키는 데도 적지 않은 돈이 필요해졌다고 한다. 경제적으로 넉넉하지 못한 가정에서는 마음 놓고 공부를 시킬 수 없어 자칫 가난이 대물림될 가능성도 높아졌다. 이처럼 경제적인 문제 때문에 마음껏 공부를 시킬 형편이 되지 않는다면 하루 1시간씩 운동을 시키는 것도 성적을 올리는 좋은 방법이 될 수 있다. 물론 운동 자체가 학업 성적을 직접적으로 올려주지는 못한다. 운동을 하고 난 후에는 반드시 아이 스스로 공부하는 시간을 가져야만 한다. 운동만 하고 공부를 안 하면 당연히 성적은 오를 수 없다. 운동은 공부의 효율을 높여주는 매우 효과적인 발판이라고 생각하면 된다.

# 지나친 운동은
# 아니하는 것만 못하다

하지만 운동을 지나치게 많이 하는 것은 좋지 않다. 누군가는 운동을 많이 시키면 시킬수록 성적이 그만큼 더 올라가는 게 아니냐고 물을지도 모른다. 실제로 러닝머신 위에서 공부를 하면 어떤 결과가 나올지 질문을 던진 신경과학자도 있다. 그러나 세상의 모든 일은 과유불급이다. 아무리 좋은 것이라 해도 적정 수준을 넘어서면 독으로 작용하기 십상이다. 운동도 마찬가지다. 지나치게 과격한 운동을 하면 전두엽에 혈액이 제대로 전달되지 않아서 새로운 사실을 기억하기 어렵다. 적당한 운동은 두뇌 활동에 도움이 되지만 지나친 운동은 오히려 두뇌 활동을 방해한다. 하루에 30분씩 일주일에 서너 번, 호흡이 가쁠 정도로 유산소 운동을 하는 것이 인지능력을 향상시키는 데 적절한 운동량이다. 따지고 보면 그렇게 부담스러운 시간도 아니다. 성적에 큰 영향을 미칠 만큼 많은 시간을 빼앗는 것도 아니니 운동에 그리 인색할 필요가 없다.

운동과 공부의 순서도 중요하다. 운동을 하고 공부를 하는 것과 공부를 하고 운동을 하는 것은 그 효과가 다르다. 운동을 통해 두뇌 활동을 활성화하는 효과를 얻으려면 반드시 공부를 하기 전에 운동을 해야 한다. 러닝머신 위에서 책을 보는 것처럼 운동과 공부를 병행하거나 공부 후에 운동하는 것은 두뇌를 활성화하는 효과는 얻겠지만 학습 성과를 높이는 데는 별 효과가 없다. 그러므로 운동은 반드시 공부하기 전에 해야 성적 향상의 효과를 거둘 수 있다.

# 운동과 성적 향상의
# 상관관계

앞 장에서 운동이 뇌의 학습 능력을 높여주는 메커니즘을 간략하게 알아봤다. 이번 장에서는 조금 더 구체적으로 운동과 성적 향상 사이에 어떠한 상관관계가 있는지 살펴보도록 하자.

## 주의력과
## 집중력을 높여준다

운동을 한 사람은 그렇지 않은 사람에 비해 놀라울 정도로 인지능력이 높다고 한다. 운동하는 사람들은 장기 기억 능력이나 추론 능력, 주의력, 문제 해결 능력이 높은 것은 물론이고 유동성 지능을 이용해야 하는 레이븐스 매트릭스와 같은 과제에서도 뛰어난 성적을 나타낸다. 일군의 신경과학자들이 운동과 담을 쌓고 지내는 사람들을 모집한 후 그들의 유동성 지능을 측정했다. 이후 일정 기간 동안 유산소 운동을 시킨 후 다시 지능을 측정하자 모든 종류의 지적 능력이 향상됐다. 운동 기간이 길어질수록 그 효과는 더욱 뚜렷하게 나타났다.

운동이 집중력 향상에 좋은 이유는 내부 에너지의 발산을 도와 산만하고 파괴적인 행동을 막아주기 때문이다. 브라질의 한 연구팀이 10~16세 사이의 아동들을 대상으로 5분간 달리기를 하고 바로 게임을 하도록 했다. 이때 가능한 한 빠른 시간 안에 사전에 주어진 과제를 완수하라고 지시했는데, 이를 위해서는 게임 시나리오를 꼼꼼하게 읽고 이해한 후 그로부터 힌트를 얻어 문제를 해결해야 했다. 집중력과 논리적인 사고가 필요한 일이었다. 실험은 다음의 표와 같이 네 그룹으로 나누어서 진행됐다.

| 1그룹 | ADHD 증상 | ○ | 달리기 | ○ | 게임 | ○ |
|---|---|---|---|---|---|---|
| 2그룹 | ADHD 증상 | × | 달리기 | ○ | 게임 | ○ |
| 3그룹 | ADHD 증상 | ○ | 달리기 | × | 게임 | ○ |
| 4그룹 | ADHD 증상 | × | 달리기 | × | 게임 | ○ |

그 결과, 달리기를 한 1그룹의 성적이 달리기를 하지 않은 3그룹에 비해 35%나 좋았다고 한다. 같은 조건에서 운동을 한 것만으로 성적이 35%나 좋아진 것이다. 또한, 1그룹과 4그룹의 점수 차이가 불과 2.5% 밖에 나지 않았다고 한다. 달리기가 ADHD 증상이 있는 아이들과 평범한 아이들 사이의 주의력 및 집중력 등의 차이를 크게 줄여준 것이다.

## 스트레스 대처 능력을 높여준다

찬호는 학교에서 비교적 좋은 성적을 거두고 있음에도 불구하고 학업 스트레스로 늘 힘들어했다. 특히 고등학교에 진학한 뒤로는 수능이라는 큰 시험을 실수 없이 치러야 한다는 부담감 때문에 늘 낯빛이 어두웠다. 땅이 꺼져라 한숨을 내쉬는 경우도 많았고 항상 긴장된 모습이었다. 재밌는 이야기를 들어도 웃는 일이 거의 없었고 늘 신경이 예민한 상태였으며 이 때문에 부모나 친구들과 갈등도 잦았다. 급기야는 신경성 위염으로 고생하는 지경에 이르렀다. 자신감도 크게 떨어져 스스로를 비하하는 일도 많았다. 그러다 보니 주의력과 집중력도 떨어지고 이 과목 저괴목을 메뚜기처럼 건너뛰며 실속 없이 공부하곤 했다. 시간이 지날수록 찬호의 성적은 점점 나빠지기 시작했고 상위권이었던 성적은 고등학교 2학년 첫 중간고사에서 중위권으로 떨어지고 말았다.

찬호가 보인 여러 모습은 대표적인 스트레스 증상들이다. 스트레스가 심해지면 학업에도 부정적인 영향을 미치고 성적을 떨어뜨리는 결과로 연결될 수 있다. 이럴 때 "공부하면서 스트레스 안 받는 사람이 어디 있니? 거참, 유별나다"라며 비난하거나 못 본 척 방치하기보다는 아이의 스트레스를 보다 적극적으로 관리해줘야 하는데, 이때 가장 좋은 수단 중 하나가 운동이다. 사람에 따라서는 스트레스 수용성이 높아 웬만한 일에도 눈 하나 꿈쩍 안 하는 사람이 있는가 하면, 스트레스 수용성이 낮아 조그마한 일에도 스트레스를 받고 힘들어하는 사람도 있다. 중요한 시험을 앞두고 부모가 "이번 시험, 꼭 잘 봐야 한다"라며 부담을 주거나 "성적 안 나오면 집에 들어올 생각도 하지 마" 하며 억박을 지를 경우, 그것이 아이의 스트레스 수용 수준을 넘어서면 오히려 뇌에서 효율적으로 정보를 처리할 수 없게 되고, 그 결과 아는 문제조차도 제대로 풀지 못하는 등의 문제가 나타날 수 있다.

감당이 가능한 수준 이상으로 지나치게 많은 스트레스를 받으면 뇌 안의 신경세포가 사멸된다. 신경세포가 사라지면 신경 회로의 연결도 자연스레 줄어들 수밖에 없다. 신경과학자들의 연구에 따르면 스트레스를 꾸준히 받는 사람들은 해마의 크기가 다른 사람에 비해 상대적으로 작다고 한다. 신경 회로의 연결이 많고 움직임이 활발할수록 두뇌 효율이 높아지는데 신경세포가 사멸되고 해마의 크기가 작아지면 학습을 해도 효과가 없을 수 있다. 특히나 해마는 학습을 통해 받아들인 정보의 중요성을 판단해 장기 기억으로 보관하는 역할을 하는데 스트레스로 인해 해마가 축소되면 이러한 기능이 저하돼 기억을 제대로 할 수 없게 된다. 이를 막아주는 것이 운동이다. 만일 운동 전에 50 정도의 자극만으로도 스트레스를 받는다면 운동 후에는 스트레스를 받는 자극의 수치가 70이나 80 정도의 수준으로 높아진다. 스트레스에 대한 저항력이 높아지는 것이다.

찬호에게는 달리기나 줄넘기 같은 유산소 운동을 하루 30분 이상 숨이 찰 정도로 하도록 권했다. 처음에는 반신반의하던 아이가 두 달쯤 지나자 얼굴 표정이 달라지기 시작했다. 잔뜩 찌푸리고 어두웠던 얼굴이 밝아진 듯했고, 주위 사람들에게 짜증을 내던 일도 줄어들었다. 찬호 스스로도 머리가 맑아지는 느낌을 받았고, 주의력과 집중력도 높아진 것 같다고 했다. 6개월 정도가 지나고 2학기 중간고사를 치르자 성적이 훨씬 향상됐다. 운동이 스트레스 수용성을 높여줌에 따라 학업 성적도 높아진 것으로 보인다.

요즘 아이들은 예전에 비해 더욱더 과중한 공부 스트레스를 받는다. 과거에 비해 대학 입시를 준비하는 시기가 무척 빨라졌을 뿐 아니라 수업 난이도도 높아졌기 때문이다. 이러한 아이들에게 무조건 책상 앞에 앉아 공부만 하라고 다그치는 것보다는 잠깐씩 짬을 내어 숨이 차도록 운동을 시키는 것이 스트레스를 이겨내고 학습 효과를 높여주는 방법이다. 정 운동할 시간이 없다면 공부를 시작하기 전에 간단한 스트레칭이라도 시키면 조금이나마 공부 효율이 높아질 수 있다. 조지아대학교 운동과학부 연구진의 연구 결과에 따르면 20분간의 간단한 운동만으로도 두뇌의 기억과 정보 처리 기능을 향상할 수 있다고 하니 이를 한번 믿고 실천해보는 것도 나쁘지 않을 듯싶다.

## 불안감 해소에도
## 탁월하다

청소년들은 '편도체로 생각한다'는 말이 있다. 전두엽이 완전하게 발달하지 않은 청소년기 아이들이 이성적으로 사고하고 행동하기보다 감정적으로 반응할 때가 많은 특징을 일컫는 말이다. 이 시기에는 특히 불안이나 두려움 등 부정적인 감정을 느끼는 편도체 부위의 발달로 인해 상황에 부적절한 감정 반응을 나타내기 십상이다. 운동은 시험을 앞두고 예민해진 청소년들의 불안감을 낮추는 데도 탁월한 효과가 있다.

한 연구팀이 자주 불안감을 느낌에도 불구하고 따로 운동은 하지 않는 사람들을 모집했다. 연구팀은 이들을 무작위로 두 그룹으로 나눈 뒤 2주간 6번, 한 번에 20분씩 운동을 하도록 했다. A그룹은 최대 심박수의 60~90%를 유지하면서 러닝머신 위를 달리게 했고, B그룹은 최대 심박수의 50% 수준이 되도록 천천히 러닝머신 위를 걷게 했다. 2주가 지난 후 양쪽 그룹 모두 불안 민감성이 줄어들었는데, 높은 강도로 운동을 한 A그룹에서 효과가 더 빠르고 강하게 나타났다. 운동을 꾸준히 하다 보면 신체가 흥분하는 현상에 익숙해지고, 몸이 흥분하는 현상이 해로운 것만은 아니라는 사실을 알게 되면서 불안에 대한 적응력이 높아지기 때문이다.

| A그룹 | 최대 심박수의<br>60~90% 수준의 강한 운동 | 불안을 느끼는 강도가 훨씬 약해짐 |
|--------|-----------------------------------------|----------------------------------|
| B그룹 | 최대 심박수의<br>50% 수준의 약한 운동 | 불안을 느끼는 강도가 조금 약해짐 |

2005년 칠레에서는 고등학생들을 대상으로 흥미로운 실험이 진행됐다. 실험은 15세 학생 198명을 대상으로 9개월이라는 오랜 시간에 걸쳐 진행됐다. 운동이 건강한 사람들의 기분에 영향을 미치는지 여부를 밝혀내는 것이 목적이었다. 연구팀은 피험자들을 두 개의 그룹으로 나눈 뒤 한 그룹에는 일주일에 3번, 90분에 걸쳐 강도 높은 체육 수업을 받도록 했다. 다른 그룹은 평소와 다름없이 일주일에 1번, 90분간 체육 수업을 받도록 했다. 9개월이 지난 후 심리 테스트를 하자 불안감 측면에서 두 그룹 간에 두드러진 차이가 나타났다. 강도 높은 운동을 한 그룹은 불안 지수가 14% 낮아진 반면, 강도가 약한 체육 수업을 받은 그룹은 불안감이 불과 3% 낮아지는 데 그쳤다. 3%는 유의미한 수준으로 볼 수 있는 수치이기는 하지만, 실질적으로는 변화가 없는 결과에 가깝다.

큰 시험을 앞두고 있는 학생들은 두려움이나 걱정 등 불안감에 시달릴 때가 많다. 이 때문에 실력 발휘를 제대로 하지도 못해 제 실력만큼 성적을 거두지 못하곤 한다. 이런 아이들에게 운동은 심리적 불안감을 낮춰주는 데 큰 역할을 한다. 물론 운동을 한다고 해서 불안이 완전히 사라지는 것은 아니지만 큰 폭으로 불안감을 낮춰줄 수 있다면 중요한 시험에서 제대로 실력을 발휘할 가능성이 높아질 것이다. 그러므로 불안 해소 차원에서라도 운동은 반드시 필요하다.

## 브레인 포그를
## 없애준다

때때로 머리가 멍해서 아무 생각도 할 수 없는 경우가 있다. 안개가 끼면 시야가 흐려지고 먼 거리를 볼 수 없게 되는데, 우리 머릿속에서도 안개가 낀 것처럼 정신이 흐릿하고 맑지 않은 상태가 발생하곤 한다. 이를 '브레인 포그'라고 하는데, 도로에 안개가 짙게 끼면 속도를 낼 수 없고 자칫 사고를 낼 수 있는 것처럼 머릿속에 안개가 끼면 두뇌 효율을 높일 수 없을 뿐만 아니라 잘못된 의사결정을 내릴 수 있다. 브레인 포그는 집중력을 떨어뜨리고 피로감이나 우울증, 기억력 저하로 이어지기도 한다. 인지 기능이 저하된 상태에서는 아무리 오랜 시간 공부를 해봐야 소용없다. 책을 읽어도 그 내용이 머리에 들어오지 않는다. 깨진 독에 물을 붓는 것처럼 학습 내용이 기억 저장소에 도달하기도 전에 모두 흩어져 사라져버리고 만다. 결국 아까운 시간만 축낼 뿐이다. 운동은 브레인 포그를 없애는 데도 탁월한 효과를 발휘한다.

브레인 포그를 일으키는 원인은 다양한데, 주로 먹는 것이나 수면에 의해 영향을 받는다. 지나치게 음식을 많이 먹거나 가공식품, 튀긴 음식, 밀가루 음식 등의 과다 섭취로 몸에 염증이 생기면 머리가 무겁고 정신이 흐릿해질 수 있다. 수면 시간이 지나치게 부족하거나 잠을 잤더라도 깊이 못 자면 브레인 포그가 생길 수 있다. 가끔 잠을 제대로 못 자고 설친 날이나 턱없이 적게 잔 다음 날 머리가 무겁고 안개가 낀 것처럼 흐릿한 느낌을 받았던 경험이 있을 것이다. 브레인 포그는 질병이라고 할 수 없지만 뇌신경의 미세한 염증으로 인해 집중력 장애나 기억력 저하, 피로감, 졸림 등의 증상이 지속적으로 나타날 수 있다.

우리 몸이 에너지를 만들어내는 과정에서 끊임없이 노폐물이 발생한다. 활성산소나 이산화탄소 등은 에너지 활동의 부산물로 생기는 노폐물이다. 치매를 유발하는 베타아밀로이드 같은 나쁜 단백질이 축적되기도 한다. 이러한 노폐물들이 신속하게 뇌 밖으로 배출되지 않으면 염증을 유발하거나 신경세포를 죽일 수도 있다. 맑고 깨끗한 두뇌 상태를 유지할 수 없는 것이다. 두뇌 활동으로 인해 발생한 노폐물들을 몸 밖으로 배출하는 데는 운동이 가장 효과적이다. 운동을 하면 호흡과 혈류가 빨라지므로 노폐물을 두뇌 밖으로 배출하는 활동이 활발해진다. 이로 인해 맑고 건강한 두뇌 상태를 유지할 수 있다. 운동을 마치고 나면 머리가 맑아진 느낌이 드는 것도 바로 이러한 효과 때문이다.

당연한 말이지만 머리가 멍한 상태보다 머리가 맑은 상태에서 공부를 하는 편이 훨씬 학습 효과가 높다. 귀찮다는 이유로, 시간이 없다는 이유로 멍한 상태로 오래 자리에 앉아 있기보다 맑은 상태로 짧게 집중하는 편이 훨씬 효율적이다. 20%의 효율을 가진 머리로 5시간 공부하는 것보다는 100%의 효율을 가진 머리로 1시간을 공부하는 것이 시간과 두뇌를 효율적으로 활용하는 방법이다. 맑은 두뇌 상태를 유지하기 위해서라도 운동은 필수다.

# 5장

# 기억
## _뇌가 기억을 잘하는 방법은 따로 있다

# 힘들이지 않고도
# 오랫동안 정확히 기억하는 법

어느 날 독자 한 분이 자신의 사정을 하소연하듯 털어놓았다. 자신은 책을 읽어도 그때뿐, 시간이 조금만 지나고 나면 그 내용이 거의 생각나지 않는다는 것이다. 어렴풋이 주제가 무엇이었고 무슨 내용을 다루었는지 정도는 생각나지만 "그래서 정확히 무슨 내용인데?" 하고 누군가 물으면 대답하기 어려울 정도로 상세한 내용은 떠오르지 않는다고 했다. 때로는 책을 들춰보면 놀랍게도 이미 밑줄이 그어져 있음에도 불구하고 마치 처음 보는 것처럼 전혀 읽은 기억이 나지 않는 경우도 많다고 했다. 심한 경우에는 책을 덮고 돌아서는 순간 무슨 내용을 읽었는지 떠오르지 않아 자괴감을 느끼는 적도 많다며 자신의 뇌에 문제가 있는 것은 아니냐고 물었다.

그분의 뇌에 문제가 있는지 없는지는 모르겠다. 걱정스러운 마음은 클 것이라고 여겨지지만 사실 이런 문제는 비단 그분만 겪는 일이 아니다. 정도의 차이는 있겠지만 많은 사람들이 비슷한 문제를 겪고 있을 것이다. 어쩌면 이 책을 읽고 계신 분들 중에서도 책을 덮고 나면 '그래서 뭐라고 했더라?' 하는 분이 있을지도 모른다. 만일 그렇다면 자신의 독서 방법이 잘못됐거나 머리가 나쁘다고 자책하지 마시라. 뇌의 입장에서는 자연스러운 일이니 말이다. 그런 일이 책을 읽을 때만 일어나는 것은 아니다. 공부를 할 때도 비일비재하게 일어난다. 가령, 시험을 앞두고 영어 단어나 암기 중심으로 공부해야 하는 과목을 죽어라 외웠는데도 불구하고 막상 시험에서는 그 내용을 떠올리지 못하는 경우가 있지 않았는가? 심한 경우 '이 내용을 내가 공부한 적이 있나?' 하며 생경한 느낌을 받는 경우도 있다.

이렇게 기껏 공부를 해놓고도 내용이 떠오르지 않는다면 안타까운 일이 아닐 수 없다. 그렇다면 어떻게 해야 공부한 내용을 보다 오랫동안 안정적으로 기억할 수 있을까? 교양을 쌓기 위한 목적으로 책을 읽고 내용이 떠오르지 않는 것이야 크게 억울한 상황을 유발하진 않겠지만, 수능처럼 큰 시험을 앞둔 학생들의 입장에서는 공부한 내용을 자주 잊어버린다면 그야말로 난감하지 않을 수 없다. 이럴 때 한 번만 공부해도 그 내용을 잊지 않고 기억할 수 있다면 얼마나 좋겠는가?

다행스럽게도 방법이 하나 있기는 하다. 바로 공부한 내용을 반복적으로 인출하는 것이다. 앞서 메타 인지를 다룬 2장에서도 살펴보았지만 많은 아이들이 공부한 내용을 평가를 통해 되새기기보다는 입력만 반복하는 공부 방식을 선호한다. 하지만 이는 뇌의 입장에서는 그다지 효율적이지 못한 공부법이다. 기억을 강화하려면 입력을 반복하는 것만큼 인출을 반복하는 것이 중요하다. 미국 퍼듀대학교의 제프리 카피크 교수에 따르면 교재를 반복해서 들여다보며 공부하는 것보다 문제를 반복적으로 푸는 편이 학습에 더욱 효과적이라고 한다. 대다수의 아이들이 하는 것처럼 같은 내용을 반복적으로 학습하며 입력을 거듭하는 것보다는 출력을 반복하며 자신이 공부한 내용을 아는지를 평가해야 공부한 내용을 뇌가 훨씬 더 잘 기억한다는 것이다.

카피크 교수는 이 사실을 증명하기 위해 한 가지 실험을 고안해냈다. 여러 명의 대학생을 피실험자로 모집한 후 아프리카에서 주로 사용하는 언어인 스와힐리어 단어 40개를 암기하도록 했다. 'adahama=명예', 'farasi=말', 'sumu=독'처럼 스와힐리어와 그 의미가 짝을 이룬 단어들을 5초 간격으로 제시하며 하나씩 차례대로 암기하도록 한 것이다. 그런데 스와힐리어가 전 세계적으로 잘 알려지거나 많이 쓰이는 언어가 아니다 보니 아무리 공부를 잘하는 학생들이라고 해도 낯선 단어를 짧은 시간 안에 암기하는 일이 쉽지 않았다. 처음 보는 40개의 단어를 한 번에 외우는 것은 불가능하므로 카피크 교수는 피실험자들에게 그 단어들을 여러 차례 반복해서 외우도록 했다. 이때 실험에 지원한 학생들을 네 개의 그룹으로 나눈 후 그룹별로 암기하는 방법을 다르게 적용했다.

먼저 첫 번째 그룹은 다음의 그림처럼 40개의 단어를 처음부터 끝까지 학습한 후 테스트에 응했다. 그 다음, 틀린 것이 있으면 처음부터 끝까지 40개의 단어 전체를 다시 암기한 후 테스트를 다시 했다. 만일 모르는 단어가 있으면 이번에도 역시 40개의 단어 전체를 처음부터 끝까지 암기하고 시험을 보는 방식을 반복해 모두 외울 때까지 학습하도록 했다. 이른바 전수 학습, 전수 테스트를 실시한 것이다.

40개 전부 학습 → 40개 전부 확인 테스트 → 40개 전부 학습 → 40개 전부 확인 테스트

**전수 학습-전수 테스트를 한 첫 번째 그룹**

두 번째 그룹은 처음에는 40개의 단어를 모두 외우도록 한 후, 테스트 결과 암기하지 못한 단어가 있으면 그것만 다시 학습하게 했다. 그 다음, 모든 단어를 암기했는지 다시 테스트했다. 그렇게 해서 만점을 받을 때까지 학습을 반복했다. 입력은 틀린 것만 하도록 하되 테스트는 모든 단어에 대해 반복한 것이다.

40개 전부 학습 → 40개 전부 확인 테스트 → 틀린 단어만 학습 → 40개 전부 확인 테스트

**부분 학습-전수 테스트를 한 두 번째 그룹**

세 번째 그룹은 테스트를 해 외우지 못한 단어가 있으면 처음부터 40개의 단어를 다시 학습하도록 했다. 그 다음, 이전에 틀

린 딘이만 확인히는 방식으로 테스트를 했다. 그렇게 40개의 단어를 모두 외울 때까지 이 과정을 반복한다. 학습이 반복될수록 테스트하는 단어는 줄어들었다. 입력은 전수로 하되 테스트는 틀린 단어에만 적용한 것이다.

| 40개 전부 학습 | 40개 전부 확인 테스트 | 40개 전부 학습 | 틀린 단어만 확인 테스트 |

**전수 학습-부분 테스트를 한 세 번째 그룹**

마지막으로 네 번째 그룹은 테스트를 통해 기억하지 못한 단어만 학습하고 이후 이루어진 재확인 테스트에서도 틀린 단어만 확인했다. 그런 식으로 모르는 단어가 없을 때까지 학습을 반복했는데 뒤로 갈수록 학습하는 단어나 테스트하는 단어가 줄어들었다. 입력과 출력 모두 틀린 것에 대해서만 실시한 것이다.

| 40개 전부 학습 | 40개 전부 확인 테스트 | 틀린 단어만 학습 | 틀린 단어만 확인 테스트 |

**부분 학습-부분 테스트를 한 네 번째 그룹**

약 5, 6회 정도 학습을 반복하자 네 그룹 모두 40개의 스와힐리어 단어를 외우는 데 성공했다. 단어를 모두 암기한 것을 확인한 카피크 박사는 그들을 집으로 돌려보냈다. 그리고 일주일이 지난 후 학생들을 다시 불러 해당 단어들을 얼마나 외우고 있는지 테스트를 실시했다. 그러자 첫 번째와 두 번째 그룹의 점수는 80점이 나왔다. 반면에 세 번째와 네 번째 그룹은 불과 35점에 그쳤다.

이 실험에서 높은 점수를 받은 첫 번째 그룹과 두 번째 그룹이 낮은 점수를 받은 세 번째와 네 번째 그룹과 비교했을 때 학습 과정에서 달랐던 점은 40개의 단어를 모두 반복적으로 테스트하면서 외우게 한 점이다. 즉, 평가를 반복한 것이다. 학습한 내용 전체에 걸쳐 반복적으로 시험을 본 학생들일수록 점수가 높았던 이 실험 결과는 공부하는 학생들에게 학습 전략의 수립 측면에서 큰 시사점을 준다. 출력을 반복할수록 기억에 도움이 된다는 사실이다. 이 외에도 학습 방법에 따라 기억력에 큰 차이가 생길 수 있는데 다음 장에서는 기억력을 향상시킬 수 있는 구체적인 방법들에 대해 알아보자.

## [기억력 향상 비법 1]
# 입력보다 출력을 많이 하라

인간의 뇌는 정보를 반복적으로 입력할 때보다 입력된 정보를 반복해서 출력할 때 정보를 보다 안정적이고 장기적으로 보존할 수 있다. 사용 빈도가 많을수록 중요한 정보라고 생각해 장기 보강이 일어나기 때문이다. 영어 단어를 100번 외우는 것보다는 그 단어를 이용해 대화를 하는 경험이 많을수록 훨씬 더 기억에 잘 남는다는 것이다. 이처럼 입력보다 출력을 더 중시하는 것이 뇌의 기본 작동 원리인데 공부를 할 때도 이 원리를 활용하면 공부 효율을 높일 수 있다. 즉, 입력을 지나치게 많이 반복하기보다는 그 내용을 얼마나 잘 아는지 평가하는 것이 기억을 오래 가져가는 데 더 유리하다.

기억은 새로운 신경세포의 연결과 활용에 의해 만들어진다. 정보를 입력하면 그 내용이 단기 기억을 담당하는 해마에 저장된다. 해마에서는 정보의 중요성을 판단해 장기 기억으로 보관할지 여부를 결정한다. 이후 중요하다고 판단된 정보들은 대뇌피질로 전달되고 그곳에서 새로운 신경세포의 연결이 이루어져 내용을 저장한다. 시간이 지나 그 신경 회로가 다시 연결되도록 함으로써 저장된 내용을 인출한다. 기억을 떠올리는 과정이다. 그런데 정보의 입력 과정에서 한 번 회로가 만들어진다고 해서 그 신경세포의 연결이 영구적으로 남아 있는 것이 아니다.

## 자주 출력해야
## 신경 회로가 강화된다

자주 사용하는 신경 회로는 중요한 것으로 인식해 연결이 강화되지만 한 번 만들어지고 나서 오랫동안 사용하지 않는 신경 회로는 연결이 흐지부지되고 만다. 손가락에 굳은살이 박이는 것을 떠올리면 쉽게 이해된다. 기타를 처음 배울 때는 기타 줄을 잡는 손이 많이 아프지만 자주 연습을 하다 보면 손가락에 굳은

살이 박이고 더 이상 아프지 않아 자연스럽게 줄을 잡을 수 있게 된다. 이처럼 정보가 입력될 때 만들어진 신경 회로의 연결 강도를 강화하는 과정이 인출이다. 입력한 내용을 상기시키면 기억이 형성될 때 연결됐던 신경 회로가 다시 활성화됨으로써 기억했던 내용이 머릿속에 떠오른다. 이 과정이 반복될수록 그 연결이 더욱 강화되어 점점 더 기억을 떠올리기가 쉬워진다.

간혹 정보 인출 과정에서 해당 정보를 입력할 때 형성됐던 신경 회로가 아닌 다른 신경 회로가 활성화될 수도 있고 아예 신경 회로가 활성화되지 않기도 한다. 잘못된 기억이 떠오르거나 기억이 나지 않는 현상이 발생하는 이유다. 게다가 인출됐던 내용이 다시 기억될 때 주위의 영향을 받아 정보가 변형되거나 추가되어 처음 입력됐던 내용과 달라지는 경우도 생긴다. 이렇게 기억은 쉽사리 변형되는 속성을 지녔기에 기억의 변형을 막고 오랫동안 보관되게끔 하려면 인출 과정을 자주 반복해주는 것이 좋다. 쉬운 예로 누구나 자신의 주민번호나 계좌번호는 숫자의 길이가 길더라도 정확히 외운다. 일상에서 쓸 일이 많아서 자주 떠올려야 하기 때문이다. 이처럼 입력된 정보의 인출이 잦으면 잦을수록 입력될 당시의 신경 회로 연결이 강화되고 변형의 위험도 줄어든다. 그러므로 무언가를 외워야 할 때 자주 인출하는 것만큼 좋은 학습 방법은 없다.

## 암기 과목에서
## 높은 성적을 거두는 필승 전략

이를 책 읽기나 암기 과목 학습에 적용할 수 있다. 요즘 국어 시험에는 교과서 밖에서도 지문이 많이 출제되기 때문에 학생들은 틈틈이 책을 읽어야 한다. 하지만 책을 읽고 그 내용이 기억나지 않는다면 시험 준비를 하는 입장에서는 답답한 노릇이다. 그렇다고 해서 많은 양의 책을 반복해서 읽기도 쉽지 않다. 이럴 때 앞에서 언급한 '출력 비법'을 활용하면 효율적으로 시험에 대비할 수 있다.

독서는 전적으로 정보를 입력하는 행위다. 출력은 일어나지 않는다. 만약 300쪽 분량의 책을 읽기만 한다고 치자. 뇌는 이토록 많은 정보를 단번에 받아들이지 못한다. 어쩌면 뒤돌아서면 잊어버리는 것이 자연스러운 현상이다. 뇌의 저장 용량에는 한계가 있으니 말이다. 이럴 때 읽은 책의 내용을 기억하는 데 가장 좋은 방법은 책을 읽는 중간에 반복적으로 그 내용을 인출하는 것이다.

우선 책을 읽을 때 장별로 혹은 꼭지별로 읽은 내용을 요약한다. 불필요한 내용은 버리고 핵심 내용만 간추린다. 간추리는 방법은 무엇이든 좋다. 머릿속으로 요약하든 손으로 쓰든 말로 내뱉든 아니면 워드프로세서를 이용해서 기록하든 읽은 내용을 요약하는 것이 중요하다. 독서를 통해 머릿속에 집어넣은 내용을 글로 요약, 정리하는 과정이 곧 인출이다. 이렇게 각각의 꼭지를 읽고 정리했다면 다음으로는 더 큰 범위, 이를테면 부별로 내용을 아우르며 요약해본다. 마지막에는 책 한 권의 내용을 모두 요약해본다. 즉, '절 → 장 → 부 → 책 전체'의 순서로 내용을 요약하다 보면 책을 그냥 읽기만 하고 덮었을 때에 비해 그 내용이 훨씬 더 오래 기억된다. 여기서 한 발 더 나아가 자신의 생각이나 느낌까지 더하면 기억이 더 오래 지속된다.

암기 과목을 공부할 때도 마찬가지다. 무조건 정보를 처음부터 끝까지 머릿속에 채워 넣기보다는 중간중간 학습 내용을 되새기며 인출하는 방식으로 공부하는 편이 기억을 오래 유지하는 데 더욱 효과적이다. 예를 들어 학습 내용 전체를 4등분 해서 입력이 25%가 진행됐을 때 잠시 입력을 멈추고 그동안 암기한 내용을 떠올리며 인출해본다. 그 다음, 전체 내용의 50%를 공부하고 난 뒤 그만큼의 내용을 떠올리며 인출해본다. 그 다음도 마찬가지다. 이런 식으로 학습하게 되면 동일한 내용을 학습하는 동안 적어도 서너 번 정도의 인출 과정을 거치게 된다. 그 과정에서 자연스레 해당 내용을 저장하기 위해 형성된 신경 회로의 연결이 더욱 강화될 것이다. 나아가 평가를 곁들인다면 기억은 더욱 공고히게 지리 잡을 수 있다. 무턱대고 정보를 채워 넣는 게 아니라 이렇게 요령껏 공부해야 힘들이지 않고 성적을 높일 수 있다.

## 기억은 반복으로 완성된다

기억을 떠올릴 때 반복만큼 중요한 것은 없다. 학습은 수동적인 과정과 능동적인 과정을 모두 포함한다. 감각 기억에 들어온 정보 중에서 주의가 이루어진 것만 단기 기억으로 넘어오고 이것이 다시 장기 기억으로 저장되는 것이 수동적인 과정이다. 한편, 이미 저장된 기억을 회상해내 문제 해결을 위해 사고하고 추론하면서 기억을 한층 강화하고 확장하는 것이 능동적인 과정이다. 단기 기억에서 주의가 이루어지지 않은 기억은 모두 망각되며, 장기 기억에 저장된 정보도 자주 인출해 사용하지 않으면 망각이 시작된다. 반면에 기억을 인출하려는 노력, 즉 '기억 꺼내기'를 자주 하면 할수록 그 기억은 오래 간다.

기억을 떠올리는 주기는 짧을수록 좋다. 혹자는 해마의 기억 저장 기간이 30일이기 때문에 그 시간 안에만 복습하면 기억하는 데 문제가 없다고도 말한다. 하지만 가급적 짧은 시간 안에 복습을 하는 것이 좋다. 학습을 하고 나서 시간이 많이 흐르지 않으면 인출 시스템이 상당히 명확하고 구체적으로 기억을 떠올린다. 하지만 시간이 지날수록 구체적이고 상세했던 사항들은 흐릿해지고 기억에 빈틈이 생기기 시작한다. 기억된 내용을 인출할 때 우리 뇌는 이 빈틈을 메우고자 그동안 기억했던 정보를 기반으로 혹은 사고의 방식을 기반으로 추론하거나 추측하기도 한다. 때로는 실제로 관련이 없는 기억에 의존하기도 한다. 사실을 있는 그대로 끄집어내는 것이 아니라 빈틈이 있는 기억을 그럴 것이라고 예상되는 내용으로 메운 후에 내보내는 것인데 이렇게 변형, 왜곡된 정보는 다시 사실인 것처럼 기억 속에 저장된다.

기억은 한 번 만들어진 상태로 그대로 이어지는 것이 아니라 끊임없이 재구축된다. 기억의 부분적인 내용들이 처음에 입력된 내용과 다른 새로운 내용으로 채워져가며 모양을 바꿔나간다. 시간이 오래 지날수록 이와 같은 기억의 재구축 과정이 많이 진행되어 처음 입력됐던 내용과는 다른 내용이 기억 속에 자리 잡을 수 있다. 마치 건물을 여러 차례 수리하면 처음 건축했던 모습과는 완전히 다른 모습이 될 수 있는 것처럼 말이다. 기억을 떠올리는 주기가 길어지면 기억의 재구축으로 인해 처음 입력됐

딘 징보와 다른 기억을 띠올릴 수도 있다. 그리므로 빈복의 주기가 짧아야만 정확한 기억을 유지할 수 있다.

# [기억력 향상 비법 2]
# 집중 학습보다는
# 분산 학습이 좋다

공부를 할 때 한 과목을 한 번에 몰아서 하는 것이 좋을까, 아니면 매일 분량을 조금씩 나누어서 하는 것이 좋을까? 학습 방법은 각자의 개성만큼이나 다양할 수 있다. 어떤 사람은 평소 조금씩이라도 꾸준히 예습과 복습을 하는가 하면, 어떤 사람은 공부할 내용을 차곡차곡 쌓아두었다가 필요할 때 한꺼번에 몰아서 한다. 대체로 많은 사람들이 몰아서 공부하는 방법, 소위 '벼락치기'라 불리는 방법을 더욱 선호할 텐데, 전자를 분산 학습이라고 하고 후자를 집중 학습이라고 한다. 둘 중에서 과연 어떤 학습 방법이 더 좋을까?

미국 뉴욕대학교의 연구팀이 20대 초반의 젊은 남녀 16명을 모아 '컵-구름', '종이-껌', '별-시계' 등 한 쌍으로 이루어진 단어 150개를 주고 기억하도록 했다. 이때 일부 참가자들은 이틀에 나누어 학습하도록 했고 다른 참가자들은 하루에 모든 단어를 외우도록 했다. 학습이 끝난 후 치러진 테스트 결과, 두 그룹 모두 60점 정도를 받아 큰 차이가 없었다. 하지만 하루가 지난 다음 날 다시 테스트를 하자 그 전날과 전혀 다른 결과가 나타났다. 이틀에 나누어 학습을 한 그룹은 30점 정도를, 하루에 학습을 끝낸 그룹은 20점을 기록했다. 10점 정도의 차이라 크지 않다고 여길 수도 있겠지만, 실제 시험에서 10점이라고 하면 무시할 수 있는 점수는 아닐 것이다. 이틀에 나누어 학습한 그룹에 비해 하루에 몰아서 학습한 그룹이 더욱 빨리 학습한 내용을 잊어버린 것이다. 이와 같은 결과를 근거로 연구팀은 어떤 내용을 오래 기억하기 위해서는 한꺼번에 많은 정보를 뇌 안에 욱여넣기보다 적절한 간격을 두고 오랜 기간에 걸쳐 꾸준히 입력하는 편이 낫다고 주장한다.

이 실험 결과를 일반화시킬 수 있을까? 즉, 모든 과목에 대해 분산 학습이 좋다고 말할 수 있을까? 가끔씩 우리는 특정 사이트에 일시에 많은 사용자가 몰려서 서버가 다운되는 경우를 경험하곤 한다. 컴퓨터는 작동이 가능한 용량이 정해져 있어서 감당할 수 있는 용량을 넘어서면 시스템이 주저앉아버리는데 이것을 흔히 '다운됐다'고 표현한다. 인간의 뇌도 마찬가지다. 우리 뇌는 용량의 제한이 없는 것 같지만 인간의 뇌 역시 정보 처리의 한계가 있다. 특히나 작업 기억은 두뇌의 크기가 제한되어 있기 때문에 용량의 한계가 뚜렷하다. 훈련을 통해 늘린다고 해도 그렇다. 이러한 뇌의 특성을 생각하면 공부를 할 때 뇌가 처리하기 힘든 양의 정보를 한꺼번에 욱여넣는 것은 그리 효율적이지 못한 방법이다. 밤샘 공부, 벼락치기 공부는 많은 양의 정보를 짧은 시간에 뇌 안에 밀어 넣는 방식이다. 이렇게 처리할 수 있는 양보다 많은 정보가 입력되면 뇌는 중요한 내용을 미처 기억에 담아두지 못하게 된다. 입력이 이루어지는 것처럼 느껴지지만 상당수의 정보들이 기억 밖으로 튕겨져 나간다.

## 학습 효율을 높이려면 인지 부하를 줄여라

호주 심리학자인 존 스웰러에 따르면 학습을 할 때 세 가지의 인지 부하가 생긴다고 한다. 첫째는 '본질적 인지 부하'로 학습 내용을 처리하는 과정에서 생겨나는 부하를 말한다. 미적분을 푸는 방법은 일차방정식을 푸는 방법보다 훨씬 어렵다. 이것이 본질적 인지 부하다. 둘째로 공부를 할 때 학습 내용과 관련 없이 부하가 발생하기도 한다. 가령, 긴 문장으로 제시된 지문을 읽었는데 그것이 무슨 말인지 파악하기 힘든 경우, 단어가 어렵거나 문장의 의미가 애매모호해서 의도를 파악하기 어려운 경우, 그것을 이해하는 데도 노력이 필요하고 이에는 부하가 따른다. 가끔 어렵게 쓰인 책을 보면서 '이게 무슨 뜻이지?'라고 생각하거나 시험문제를 받아들고 무엇을 묻는지 잘 모르는 상황이 발생했다면 이는 인지 부하가 걸린 것이다. 이러한 부하를 '관련 없는 인지 부하'라고 한다. 마지막으로, 어떤 내용을 보거나 듣는다고 해서 그 내용을 바로 이해할 수 있는 것은 아니다. 머릿속으로 그 의미를 분석하고 이해하려는 노력을 해야 하는데 이때도 많은 정보를 처리해야 하므로 부하가 걸린다. 이때 걸리는 부하는 학습 내용 그 자체로 인한 것은 아니지만 학습과 관련해 일어난 부하이므로 이를 '관련 있는 인지 부하'라고 한다.

공부를 할 때는 이 세 가지 인지 부하가 발생한다. 만일 세 가지 인지 부하의 총합이 뇌가 처리할 수 있는 인지 용량을 넘어서면 뇌에 과부하가 걸리게 된다. 그럴 경우 정보가 제대로 처리되지 않은 채 엉뚱하게 새어나갈 수 있다. 마치 수돗물을 틀어놓고 항아리에 물을 받으려고 하는데 항아리에 물이 꽉 차서 더 이상의 물을 수용하지 못하고 항아리 밖으로 흘려 보내는 것처럼 말이다. 특히나 말이나 글을 통해 전달되는 학습 내용을 이해하지 못하는 경우, 즉 관련 없는 인지 부하가 커지면 그것의 해석에 에너지를 빼앗겨 본질적 인지 부하까지 높아지게 된다. 어려운 내용의 책을 읽으면서 개별 문장의 의미를 해석하는 데 치중하다 보면 정작 책의 전체적인 내용이 머릿속에 잘 들어오지 않는 것처럼 말이다.

## 기억력을 높이려면 입력 정보의 양을 적절히 통제하라

학습 효과를 극대화하기 위해서는 한 번에 입력되는 정보의 양을 적절하게 조절하는 것이 바람직하다. 한 신경과학자가 학생들을 모집해 두 그룹으로 나눈 후 자신이 만들어낸 단어들을 암기하도록 했다. 한 그룹은 단어를 쉬지 않고 계속 반복해서 보여주었다. 이는 시험을 앞두고 벼락치기로 한 과목을 집중적으로 공부하는 것과 유사한 학습 방법이라 할 수 있다. 다른 한 그룹은 시간 간격을 길게 두고 단어들을 보여주었다. 사이사이에 다른 정보를 입력하거나 휴식을 취할 수 있게 하면서 말이다.

실험 결과, 두 번째 그룹이 첫 번째 그룹보다 기억의 정확도 측면에서 성적이 훨씬 좋았다. 쉬지 않고 단어를 반복적으로 외운 그룹의 성적이 쉬엄쉬엄 간격을 두고 단어를 외운 그룹보다 암기력이 낮은 결과를 나타낸 것이다. 이 과학자는 두 그룹의 학생들의 뇌를 fMRI로 촬영했는데 집중적으로 단어를 암기한 그룹의 경우 좌측 하부 전전두엽이 상대적으로 비활성화되는 모습이 관찰됐다. 좌측 하부 전전두엽은 생생한 기억을 끄집어낼 때 뇌에서 활성화되는 부위 중 하나다. 즉, 학습하는 동안 이 부위가 활발하게 활동하면 학습 내용을 인출할 때도 기억을 보다 잘 떠올릴 수 있다.

이 실험 결과는 학습을 할 때 한꺼번에 학습하기보다는 매일 조금씩이라도 나누어서 하는 것이 효과적임을 입증한다. 가령, 이번 주에는 수학을 집중적으로 공부하고 다음 주에는 영어를 집중적으로 공부하고, 또 그 다음 주에는 새로운 과목을 공부하기보다는 모든 과목을 매일 조금씩 나누어 공부하는 것이 효율적이라는 것이다.

물론 논리적인 사고를 필요로 하는 공부는 중단하지 않고 쭉 이어서 하는 것이 바람직하다. 수학이나 과학 같은 과목은 논리적으로 이해하고 흐름을 타는 것이 중요하다. 이런 과목들은 매일 적게 분량을 나누어서 학습할 경우 흐름이 끊기고 논리적인 사고가 중단되어 이해가 떨어질 가능성이 크다. 따라서 중간에 끊지 않고 단원별 또는 장별로 단번에 학습하는 것이 바람직하다. 반면에 영어 같은 경우에는 반복 학습이 더욱 효과를 발휘한다. 따라서 영어나 국어, 사회 등과 같은 과목들은 하루에 많은 양을 몰아서 공부하기보다 매일 조금씩 분량을 나누어 공부하는 것이 더욱 바람직하다. 즉, 과목에 따라 집중과 분산을 적절히 선택할 줄 알아야 한다.

한 번에 학습을 몰아서 할 경우, 잠자는 시간을 줄여서 공부하는 것처럼 하루에 일정 시간 이상을 넘기며 공부할 경우, 뇌는 이미 받아들이고 처리할 수 있는 정보의 양을 넘어섰기 때문에 인지 과부하에 걸린 상태일 수 있다. 물건이 가득 차 빈틈이 없는 창고에는 더 이상 물건을 채워 넣을 수 없는 것과 마찬가지다. 특히 논리적인 이해나 추론보다 암기나 언어적 이해가 필요한 과목들이라면 더욱 그렇다. 그런 상태에서는 시간을 많이 들인다고 해서 학습 효과가 높아지지 않는다.

만일 공부할 내용들이 많아 어찌할 도리가 없는 상황이라면 가급적 뇌의 부담을 줄여주는 방향으로 학습 전략을 세우는 것이 좋다. 즉, 영어, 국어, 사회 과목처럼 암기나 언어적 이해가 필요한 과목들을 연속으로 학습하기보다는 '수학-사회-과학-영어'의 순서로 이해를 필요로 하는 과목과 암기를 필요로 하는 과목을 번갈아 공부하는 것이 더 나을 수 있다. 조금이라도 뇌의 부하를 줄여주면 그만큼 뇌가 정보를 받아들일 수 있는 여유가 생기기 때문이다. 어려운 과목을 연이어 공부하기보다는 수월한 과목과 어려운 과목을 번갈아 공부하는 것도 뇌의 인지 부하를 줄여준다는 측면에서는 효율적인 학습 전략이다.

## [기억력 향상 비법 3]
# 기억의 간섭을 줄여라

　공부를 하다 보면 '기억의 간섭' 현상이 나타나기도 한다. 흔히 말하는 '헷갈림'이다. 이 글을 쓰면서도 많은 자료들을 참고하고 있지만 항상 그 출처를 명확히 기억하고 있는 것은 아니다. 막상 참고 문헌을 정리하거나 내용을 조금 더 보완하려고 하면 '내가 이 글을 어디에서 읽었더라?' 할 때가 있다. 분명 이 책에서 읽은 것 같아서 찾아보면 그 내용을 찾을 수 없고 다른 책에서 해당 내용을 발견할 때도 있다. 이렇게 기억이 뒤죽박죽 섞여버리는 것을 '기억 간섭'이라고 하는데, 이것도 학습 전략을 수립할 때 고려해야 할 중요한 요소 중 하나다.

한 실험에서 피아노 건반을 누르는 순서를 정한 뒤 그것을 정확한 순서대로 암기하는 테스트를 실시했다. 연구자는 몇 가지 패턴을 정해놓고 실험 참가자들로 하여금 따라 하도록 했다. 그 과정에서 유사한 패턴을 연속적으로 기억시키면 앞에서 배운 패턴에 대한 기억이 희미해지면서 학습 효과가 떨어짐을 알게 됐다. 이 역시 '기억의 간섭' 현상이다. 비슷한 내용을 연속으로 입력하게 되면 맥락의 구분이 희미해져 학습 내용이 섞일 수 있다.

한국사나 세계사, 사회 등 암기할 내용이 많은 과목들을 하루에 몰아서 공부하면 아무리 열심히 공부해도 기억의 간섭 현상이 일어나 앞서 공부한 내용과 나중에 공부한 내용이 섞일 수밖에 없다. 세계사 교과서에서 본 내용이 사회 교과서에서 본 것 같기도 하고, 사회 교과서에서 본 내용이 한국사 교과서에서 본 것 같기도 하다. 이런 경우 각 과목 사이에 간격을 벌려서 공부하는 편이 바람직하다. 비슷한 내용일지라도 학습 시간이 6시간 이상 떨어지게 되면 서로 다른 내용으로 인지하고 헷갈리지 않는다고 한다. 그러므로 만일 유사한 형태의 내용을 학습해야 한다면 충분한 시간 간격을 두고 공부하는 것이 바람직하다. 같은 날 유사한 과목을 함께 공부하지 않는 것도 바람직하다. 게다가 주기적으로 학습 내용을 반복하게 되면 이미 자리를 잡고 있는 정보를 간섭하는 것이 아니라 그 지식에 덧붙여 새로운 지식으로 자리 잡을 수 있다.

## [기억력 향상 비법 4]
# 예습보다 복습이 더 중요하다

　흔히들 공부를 잘하려면 예습과 복습을 철저히 하라고 한다. 예습과 복습이 학업 성적을 올리는 데 중요한 역할을 한다는 점은 두말할 필요가 없는 사실이다. 예습을 해야 자신이 이해할 수 있는 부분과 이해되지 않는 부분을 파악할 수 있고 수업 시간에 질문을 하거나 교사의 설명을 집중해서 들음으로써 학습 내용에 대한 이해를 높일 수 있다. 그리고 복습을 함으로써 학습 내용을 되돌아보고 그것을 머릿속에 오래 간직할 수 있다. 그렇다면 예습과 복습 중 무엇이 더 중요할까? 대다수의 전문가들은 복습이 예습보다 더 중요하다고 말한다. 가장 좋은 것은 둘 다 성실하게

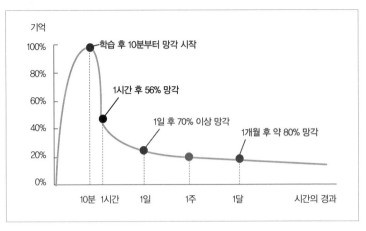

에빙하우스의 망각 곡선

하는 것이지만 시간이 부족해 둘 중 하나만 선택해야 한다면 예습보다는 복습이 낫다고 공통적으로 말한다.

　독일 교육학자 헤르만 에빙하우스는 기억에 관한 독특한 실험을 했다. 그는 'PUB', 'TOF', 'MUR'처럼 '자음-모음-자음'으로 이루어진 의미 없는 단어의 목록을 2,300개 만든 후 이것들을 조합해 사람들의 기억력을 연구하는 데 활용했다. 30여 년에 걸친 집요한 연구 끝에 그는 중요한 사실을 발견한다. 인간의 기억에는 한계가 많아 쉽사리 휘발된다는 것이었다. 그의 연구에 따르면, 기억마다 지속 시간이 달라 어떤 기억은 몇 분밖에 지속되지 못하며 어떤 기억은 며칠 혹은 몇 달까지도 이어질 수 있다. 학생들이 교실에서 무언가를 배우면 20분 안에 40%를 잊어버리고 1시간이 지나면 56%를 잊어버린다. 교사가 1시간짜리 수업을 시작할 때 가르친 내용을 수업이 끝날 때쯤 물어보면 절반 이상 모른다는 말이다. 하루가 지나면 70% 정도가 기억에서 사라지며 30일 이내에 배운 내용의 80%를 잊어버린다고 한다. 이를 그림으로 정리한 것을 '에빙하우스의 망각 곡선'이라고 한다.

에빙하우스는 이렇게 시간이 지나면서 입력된 정보들이 휘발되는 것이 두뇌의 자연스러운 특징이라고 했다. 그는 적절한 시간 간격을 두고 정보 입력을 되풀이하기만 해도 기억의 지속 시간이 늘어난다고 했다. 즉, 학습한 내용을 그냥 방치하면 시간이 지남에 따라 급격히 해당 정보가 뇌 안에서 사라지지만, 배운 것을 일정한 간격으로 반복해주면 그 정보는 다시 기억에 저장될 수 있고 처음 입력됐을 때보다 훨씬 오랜 기간 동안 기억 속에 남을 수 있다는 것이다.

에빙하우스의 주장에 따르면 학습 후에 일정한 시간이 지나기 전에 다시 학습 내용을 떠올리면 학습 효과는 더욱 높아질 수 있다. 다음의 그림에서 보는 것처럼 10분, 1일, 1주, 1달 정도의 주기로 입력 내용을 반복하기만 해도 망각되는 정보의 양을 훨씬 줄일 수 있다. 영어 단어를 집중적으로 외운 후 잊어버리고 지내는 것이 아니라 다음 날, 일주일 후, 한 달 후에 다시 공부하면 기억에 남아 있을 가능성이 높아지는 것이다. 뇌에서 학습 내용을 입력할 때 형성됐던 신경 회로가 복습 과정에서 다시 연결되고 그것이 반복되면서 연결이 강화되기 때문이다. 예습도 중요하지만 복습에 신경을 많이 써야 하는 이유도 바로 여기에 있다. 복습을 잘 할수록 시간의 경과에 따른 학습 내용의 망각을 막을 수 있기 때문이다.

그런데 복습할 분량이 많으면 반복 학습이 부담스러울 수 있다. 앞서도 언급했던 분산 학습은 그러한 부담을 덜어준다. 적은 양의 내용을 자주 반복하는 것은 쉽지만 많은 양의 내용을 자주 반복하기는 어렵다. 학습 분량이 많으면 복습에 부담을 느끼고

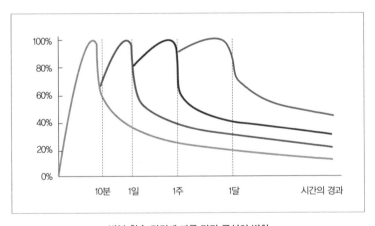

반복 학습 간격에 따른 망각 곡선의 변화

점점 복습을 소홀히 하는 경우가 생긴다. 그러므로 한꺼번에 많은 양을 공부한 후 잊고 지내기보다는 조금씩 나누어 반복 학습을 하는 것이 오랫동안 기억하는 데 훨씬 유리하다.

# [기억력 향상 비법 5]
# 기억 창고에 손잡이를 달아라

무언가를 가지러 가기 위해 방에 들어갔는데 그 이유를 깜빡 잊어버렸을 경우 다시 처음의 위치로 돌아와 생각해보거나, 말을 하는 도중 하고자 했던 말을 잊어버렸을 때 다시 앞서 했던 말로 돌아와 생각해보면 잊었던 기억이 떠오르는 경우가 있다. 이렇게 기억을 되살릴 수 있는 계기를 프라이밍이라고 한다. 공부를 할 때 기억을 잘 떠올리기 위해서는 인출에 도움이 되는 정보들을 입력 단계에 같이 심어주어야 한다. 무턱대고 머릿속에 집어넣는 것보다는 프라이밍을 활용하면 훨씬 쉽게 그리고 오래 기억에 남기 때문이다.

프라이밍이 필요한 이유는 기억이 별도의 저장 공간에 남아 있는 것이 아니라 신경 작용에 의해 일어나는 현상이기 때문이다. 새로운 신경 회로가 만들어지면 정보가 저장되고, 정보가 저장될 때 연결됐던 신경 회로를 다시 불러내면 기억이 떠오른다. 신경이 연결되기 위해서는 자극이 일정 수준을 넘어서야 하는데 만일 자극을 더해주는 수단이 있다면 기억을 떠올리기가 훨씬 쉬울 것이다. 즉, 프라이밍은 대뇌피질에 저장해놓은 정보를 쉽게 떠올릴 수 있도록 만들어놓은 자극 혹은 정보 인출의 손잡이라고 할 수 있다.

힘들이지 않고 손쉽게 기억에 저장된 내용을 불러올 수 있으면 학습 효과는 저절로 올라갈 것이다. 요령 없이 무턱대고 암기를 반복하는 것은 차를 타고 잘 포장된 도로를 지나갈 수 있음에도 불구하고 울퉁불퉁한 자갈길을 힘들게 걸어가는 것과 다를 바 없다. 힘은 힘대로 들지만 효과는 나지 않는다. 그러므로 기억의 특징을 학습에 적극 활용하는 학습 전략을 수립하는 것이 공부를 잘하는 기본적인 요령이다.

다음에 소개하는 방법들은 노력은 덜 들이면서도 성과는 크게 낼 수 있는 학습 방법들이다.

## 연상 작용 활용하기

연상 작용을 활용하면 보다 쉽게 기억할 수 있다. 가령, 영어 단어를 외울 때를 생각해보자. 'chuckle('척클'이라고 발음한다)'은 '키득거리다, 낄낄거리다'라는 뜻을 가진 단어다. 이 단어를 처음 본 것은 45년 전이다. 서점에서 본 어떤 교재에서 이 단어를 처음 봤다. 그 책에서는 '축구를 하면서 낄낄거리다'라고 단어의 뜻을 설명했다. '척클'과 '축구', 언뜻 들으면 발음이 비슷하다. 즉, 이 교재는 '척클'의 발음이 '축구'와 비슷한 것에 착안해 단어의 발음과 뜻을 연결해 설명한 것이다. 그 단어를 본 것은 채 5초도 되지 않는 짧은 시간이었지만 연상 작용을 활용한 설명의 탁월함 덕분에 45년이 지난 지금까지 단 한 번도 잊히지 않고 내 기억 속에 강하게 남아 있다. 이런 것이 바로 연상을 활용한 프라이밍이다.

에란 카츠는 이러한 연상을 잘 활용해 세계적으로 인정받는 기억력 천재가 된 사람이다. 그는 10년 전의 특정한 날에 일어난 모든 일들을 하나도 빼놓지 않고 세세하게 기억하는 비범한 재능을 가졌다고 한다. 또한, 무려 500개의 단어를 단 한 번만 듣고 모두 기억함으로써 기억력 부문에서 기네스북에 오른 인물이기도 하다. 그는 사람들이 불러주는 20자리 숫자를 한 번만 듣고 정확히 기어해냄으로써 감탄을 불러일으키기도 한다. 그는 자신의 기억력 비밀을 세심하게 주위를 관찰하고 그로부터 특징을 찾아내어 엉뚱한 상상으로 연결하는 것이라고 말한다.

예를 들어 '고양이가 높은 곳에서 떨어졌는데 아무 일도 일어나지 않았다', '캥거루는 뒷걸음질을 치지 못한다.', '미국의 한 가정집에 7,000마리의 호랑이가 살고 있다'는 사실을 기억해야 한다면 그 내용을 자신이 현재 있는 주변의 장소와 연결 지어서 기억하는 식이다. 만일 그가 강의실에 있다면, 주변에서 천장과 출입문, 책상 같은 것들을 찾을 수 있을 것이다. 그러면 고양이를 천장과 연결 지어 수많은 고양이가 천장에서부터 떨어지는 것을 상상하는 식이다. 출입문을 보면서는 캥거루가 출입문으로 걸어 들어오는 모습을, 책상을 보면서는 호랑이가 으르렁거리거나 할퀸다고 상상하는 식이다. 이렇게 하면 기억을 위한 연결 고리들이 형성되고 그것이 강화되면 시간이 지나도 쉽게 잊히지 않는다고 한다.

## 정보를 조직화하거나 구조화하기

정보를 체계적으로 구조화하거나 조직화하는 것도 암기에 도움이 된다. 예를 들어 주말에 다음과 같은 해야 할 일들이 있다고 해보자.

봉사 활동, 빨래, 강아지 산책, 방 청소, 어버이날 선물 준비, 스승의 날 선물 준비, 화분에 물주기, 영화 보기, 좋아하는 음악 다운로드, 아빠 구두 닦기, 소설책 읽기, 친구 만나기, 설거지

이 모든 일들을 그저 반복적으로 떠올림으로써 기억에 붙잡아 두기란 쉽지 않다. 이 정보들을 다음과 같이 조금 더 조직적으로 구분하고 구조화하면 이 정보들을 기억해야 하는 뇌의 부담을 줄일 수 있다. 이렇게 하면 '가사/심부름', '관계 관리', '재충전'만 기억하면 그 아래의 내용들이 같이 떠오를 가능성이 높다.

| 가사/심부름 | 빨래, 강아지 산책, 방 청소, 화분에 물주기, 아빠 구두 닦기, 설거지 |
| --- | --- |
| 관계 관리 | 봉사 활동, 어버이날 선물 준비, 스승의 날 선물 준비, 친구 만나기 |
| 재충전 | 영화 보기, 좋아하는 음악 다운로드, 소설책 읽기 |

여기서 한 걸음 더 나아가 가사/심부름과 관계 관리, 재충전을 조금 더 조직화해봐도 괜찮다.

| | | |
| --- | --- | --- |
| 가사/심부름 | 의식주 | 빨래, 방 청소, 설거지 |
| | 동식물 | 강아지 산책, 화분에 물주기 |
| | 심부름 | 아빠 구두 닦기 |
| 관계 관리 | 가족 | 어버이날 선물 준비 |
| | 친구/사회 | 스승의 날 선물 준비, 봉사 활동, 친구 만나기 |
| 재충전 | 취미/휴식 | 영화 보기, 좋아하는 음악 다운로드 |
| | 지식 습득 | 소설책 읽기 |

이렇게 정보를 조직화하고 구조화하면 세부 항목들을 외우지 않고 상위 범주를 기억하는 것만으로도 기억을 쉽게 떠올릴 수 있다. 예를 들어 '관계 관리'를 떠올리면, '관계를 관리할 사람이 누가 있지? 우선 가족이 있고, 친구나 사회적인 모임이 있겠구나' 하고 생각할 수 있고, 그러면 자연스레 그와 관련 지어 해야 할 일들이 자연스럽게 떠오를 수 있다.

# 경험 활용하기

뇌는 서로 관련이 없어 보이는 단편적인 정보 안에서 의미를 찾아내 기존에 알고 있는 지식과 통합해내는 능력을 가졌다. 다시 말해 새로운 정보가 입력되면 이미 알고 있는 정보와 대조해 패턴이나 연관성 등을 찾아내고, 새로운 정보에 의미를 부여하기 위해 끊임없이 탐색한다. 이렇게 새로운 정보를 기존 정보와 연결해 새로운 패턴을 어떻게 만들지 예측하는 과정에서 새로운 정보를 받아들일 수 있는 문맥이 형성된다. 이런 문맥이 만들어지지 않으면 뇌는 새로 받아들인 정보를 의미 없고 자신과 무관한 정보로 여겨 가치 없다고 판단하고 버린다. 그래서 공부를 할 때 자신의 일상생활이나 주변 사람들과 연계시키면 이러한 뇌의 특성을 활용하기에 더욱 유리하다. 그중 하나가 가공된 경험을 이용하는 것이다.

기억에는 크게 세 가지 종류가 있다. 수영이나 자전거처럼 한 번 요령을 배우면 특별히 신경 쓰지 않고도 따라 할 수 있는 기억을 '절차 기억'이라고 한다. 순서를 따라하고 익숙해지면 자연스럽게 기억에 남는 것을 말한다. 한편, 십자군전쟁이나 피타고라스의 정리와 같이 배워서 알게 되는 내용을 '의미 기억' 혹은 '지식 기억'이라고 한다. 이 외에 무언가를 직접 체험하거나 겪

어봄으로써 알게 되는 기억도 있는데 이를 '일화 기억' 혹은 '체험 기억'이라고 한다. 좋아하는 사람과 함께 해외여행을 다녀온 기억은 오랫동안 머릿속에 남는데 이것이 체험 기억이다.

이 중에서 절차 기억은 몸이 기억하는 것이기 때문에 학습을 통해 만들어지는 기억과는 다르다. 활용되는 두뇌 부위도 의미 기억이나 체험 기억과는 다르다. 의미 기억과 체험 기억 중에서는 체험 기억의 힘이 더 강하다. 직접 경험한 것이기 때문에 더 오래, 더 또렷하게 지속될 수 있다. 공부를 할 때 이를 이용하면 기억의 힘을 배가시킬 수 있다. 즉, 공부한 내용을 자신이 오래 기억할 수 있는 경험으로 바꾸어보는 것이다. 교과서에서 알려주는 내용에 자신이나 주위 사람들을 대입시켜 다양한 상황을 만들어보거나, 자신만 이해할 수 있는 시나리오로 변형시켜보는 것이다. 예를 들어 자신을 사과나무 밑을 거닐다가 만유인력의 법칙을 떠올린 뉴턴이라고 생각해보거나, 국어 시간에 배운 소설의 주인공을 자신의 주변 사람으로 바꾸어 생각해보는 것이다.

이렇게 하면 정보 입력 단계에서 해당 정보를 마치 자신의 경험처럼 받아들일 수 있고 가정한 상황이나 시나리오를 떠올리는 것만으로도 관련 정보들을 쉽게 떠올릴 수 있다. 자신의 일상과 연계시켜 패턴을 만들어보는 것도 바람직하다. 이런 방법은 메타 학습 차원에서도 유리하고 지식을 경험으로 환산함으로써 이해력이 높아지고 저장을 위한 부호화 과정에도 유리하다. 또한, 책에 있는 내용이 어려워서 쉽게 기억하기 어려울 경우, 무조건 사력을 다해 암기하려고 하기보다는 자신이 이해한 내용을 자기만의 언어로 다시 풀어 쓰는 방법을 써볼 수 있다. 즉, 교과서 내용을 있는 그대로 받아들이기보다는 자신이 이해한 대로 다시 쉽게 풀어 써보는 것이다. 이처럼 체험 기억으로 만들면 무조건 머릿속에 정보를 욱여넣는 것보다는 기억이 오래 갈 수 있다.

## 맥락 만들기

일반적으로 맥락 파악이 뛰어난 사람들은 해마가 활성화되어 있는 반면, 맥락을 잘 읽어내지 못하는 사람들은 해마의 활동이 저조한 경우가 많다. 이를 뒤집어보면, 맥락이 있을수록 해마를 활성화시킬 수 있고 맥락이 없을수록 해마의 활성도가 낮아진다고 생각할 수 있다. 해마가 활성화되면 신경 회로 연결이 오랫동안 지속되는 장기증강이 일어난다. 기억이 오래 가는 것이다. 그래서 어떤 공부든 처음부터 세부적인 내용에 접근하기보다는 전체적인 맥락을 이해한 상태에서 세세한 내용으로 들어가는 것이 중요하다.

암기를 한 때두 개별적인 내용을 무턱대고 외우기보다는 그 내용을 스토리로 만들면 더 오래 기억할 수 있다. 스토리 안에는 맥락이 들어 있기 때문이다. 고려의 멸망과 조선의 건국 과정을 스토리로 만들면 단순히 사건들을 나열해 기억하는 것보다 기억이 더 쉬워진다. 게다가 스토리는 공감 능력을 높여주는 효과까지 있다. 공감 능력을 느낄 때 체내에서는 옥시토신이 분비되는데 옥시토신은 감정적으로 편안함을 느끼게 만들어주어 기억을 도와주는 호르몬이다. 가령, 다음과 같은 단어들을 암기해야 한다고 해보자.

---

사슴 고통 코끼리 안전 부엉이 집념 나무 화분 삼겹살

---

'한 번에 기억할 수 있는 최대 숫자는 7개'라는 밀러의 법칙에 의하면 위에서 제시된 단어들 중에서 한두 개는 아무리 열심히 노력한다고 해도 기억에서 사라질 수 있다. 이제 이 단어들에 스토리를 입혀보자.

어느 날 **사슴**이 급하게 길을 가다 **나무**에 부딪혀 **고통**스럽게 울고 있었다. 그때 **안전**모를 쓴 **코끼리**가 그 모습을 보고 다가왔다. 사슴의 이마에는 커다란 혹이 나 있었다. 사슴은 울면서 코끼리에게 물었다. "이마 많이 **부었니**(부엉이)?" 그러자 코끼리는 괜찮다고 대답했다. 하지만 사슴은 피가 나는 것 같다며 **집요**(집념)하게 괜찮으냐고 물었다. 코끼리는 사슴을 안심시키기 위해 이마에 난 멍을 보며 **'화~'** 하고 입김을 불어주었다(화분). 그러자 기분이 다소 좋아진 사슴이 말했다. "오늘 피 흘렸으니까 **삼겹살** 먹으러 가자."

억지스럽게 만든 내용이라 다소 유치하긴 하지만 이 글을 두 번만 따라 읽고 책을 덮은 뒤 어떤 단어들이 있었는지 떠올려보라. 막무가내로 외우려고 했을 때에 비해 훨씬 많은 단어를 떠올릴 수 있을 것이다. 특히나 '집념'이나 '고통', '안전'과 같이 쉽사리 잊어버릴 수 있는 추상명사들을 떠올리기가 더욱 쉬워진다. 이것이 스토리의 힘이다.

한국사나 세계사, 사회 과목처럼 암기가 필요한 과목들을 공부할 때 무조건 내용을 암기하려고 하는 것은 두뇌 역행적인 방법으로 그리 효율적이지 못하다. 대신에 암기하려고 하는 사건들 간에 스토리를 만들어 외우면 그 내용들을 꽤 오래 기억할 수 있다. 가령, 명성황후 시해나 고종의 러시아 공관 대피, 동학혁명, 헤이그 밀사 사건 등을 무조건 순서만 외우려고 하기보다는 왜 그러한 일들이 일어났는지 역사적 배경을 이해하고 그에 스토리를 입혀서 외우면 사건의 순서를 묻는 문제가 결코 어렵지 않을 것이다.

내 학창 시절을 돌이켜보면 가장 어려웠던 것 중 하나가 숫자를 외우는 것이었다. 고구려와 수나라가 언제 전쟁을 치렀는지, 고려는 언제 건국되어 언제 망했는지, 임진왜란과 병자호란은 언제 일어났는지, 기묘사화는 언제 있었던 일인지 등등 우리나라와 세계의 역사 속에서 일어났던 무수히 많은 사건들의 발생 시기를 정확히 기억하는 것은 거의 불가능에 가까웠다. 그래서 한국사나 세계사가 내게는 너무나 고통스러운 과목이었다. 하지만 생각해보면 그 고통은 당시의 내게 학습 요령이 없었기 때문이었다. 무조건 암기만 반복하며 숫자를 기억에 잡아두려고만 했을 뿐 그것을 쉽게 기억하게 해줄 만한 '기억의 손잡이'를 다는 일은 하지 못했던 것이다.

여기서 일일이 다 열거할 수 없지만 기억을 도울 수 있는 기법들은 수없이 많다. 많은 단어를 앞 글자만 따서 외운다든가, 리듬을 붙여 노래처럼 기억한다든가 하는 것들이 모두 이에 해당한다. 기억을 끌어내는 것은 책상 서랍을 여는 것과 같다. 손잡이가 크고 튼튼할수록 서랍을 쉽게 열 수 있다. 이번 장에서 다룬 내용들은 기억 창고라는 서랍을 열기 쉽도록 손잡이를 부착하는 방법이라 할 수 있다. 자신만의 손잡이를 만드는 학습 요령을 갖출수록 공부에 힘이 덜 든다. 그리고 그것이 성적을 가르는 중요한 포인트로 작용한다. 가급적 힘은 덜 들이면서 성과를 크게 낼 수 있는 방법을 찾는 것이 중요하다.

# 6장

# 두뇌 특성
## _두뇌 특성을 이해하면 공부가 더 쉬워진다

## [두뇌 특성 맞춤형 공부법 1]
# 일주기 리듬에 맞춰 공부하라

지인의 부탁으로 만나게 된 유진이는 보기에도 안쓰러울 정도로 열심히 공부하는 아이다. 친구들과 어울려 노는 일도 거의 없고 학교와 학원, 집을 오가며 오로지 공부에만 몰두한다. 새벽 1시가 되어서야 잠자리에 들고 새벽 6시면 자리에서 일어난다. 학교에 갈 때까지 그날 학습할 내용들을 예습하는데 2시간 가까이 꼼짝 않고 자리에 앉아 공부를 한 후에야 겨우 등교 준비를 한다. 자신이 목표로 하는 대학이 뚜렷하게 정해져 있어 그 대학에 들어가기 위해 모든 노력을 다하고 있다.

하지만 이상하리만치 유진이의 성적은 제자리걸음이다. 물론 바에서 다섯 손가락 안에 들 정도로 좋은 성적을 유지하고 있지만 늘 그 자리에 머물 뿐, 더 이상 치고 나가질 못한다. 공부에 쏟는 시간과 노력만 봐서는 분명 지금보다 더 나은 성적을 거둘 수 있을 것 같은데 막상 시험을 보면 그렇지가 않다. 모의고사에서도 마찬가지다. 더욱 알 수 없는 것은 유진이의 작업 기억 점수가 그리 나빠 보이지 않고 메타 인지를 이용한 학습 방법도 충실히 수행하고 있음에도 불구하고 현상 유지만 할 뿐 성적이 좀처럼 나아지지 않는다는 것이다.

나는 유진이에게 잠이 너무 부족하니 잠자는 시간을 늘리라고 조언했다. 하지만 유진이는 결코 잠이 부족하지 않고 피로감을 느끼지도 않는다고 했다. 그렇다면 무엇이 문제일까? 도무지 이유를 알 수 없어 유진이에게 하루 일과를 자세히 적어보게 했다. 글로 적은 유진이의 일과는 놀라울 정도로 빡빡했다. '어떻게 이렇게까지 공부에 몰두할 수 있지?' 하고 생각할 정도로 빈틈이 거의 없었다. 어쩌면 그토록 열심히 공부를 하기 때문에 현상 유지라도 할 수 있는 게 아닌가 싶었다. 그러다 문득 유진이의 공부 스타일에 다소 문제가 있음을 발견하게 됐다. 학습 시간과 신체리듬 간에 다소 엇박자가 생기고 있었던 것이다.

# 사춘기 청소년들의 일주기 리듬은 성인과 다르다

하루는 24시간으로 이루어져 있는데 수면과학 분야의 세계적인 권위자들이 권하는 하루 수면 시간은 8시간이다. 따라서 이 시간을 제하면 하루 중 깨어 있는 시간은 16시간이다. 하지만 시험을 앞둔 학생들이나 각종 시험을 준비하는 성인들의 경우 실제 수면 시간이 권장 수면 시간보다 줄어들 것이 분명하다. 짐작건대 일반적으로 하루에 6시간 정도를 잠에 할애하고 18시간 정도 깨어 지내지 않을까 싶다. 그중 씻고, 밥 먹고, 학교에 갈 준비를 하고, 등하교를 하고, 수업을 하는 등 필수적으로 할애해야 하는 시간을 빼고 나면 하루 24시간 중 오롯이 자기 학습에만 전념할 수 있는 시간은 생각보다 적을 수 있다. 그러다 보니 부족한 시간을 쥐어짜 학습에 매달리게 되는데, 조금 더 학습의 효율을 높이려면 신체리듬과 변화를 염두에 두고 공부를 하는 것이 바람직하다.

앞서도 언급했지만 모든 생명체에게는 일주기 리듬이 있다. 이 일주기 리듬은 하루 24시간을 두고 반복되는데 이에 맞춰 생활하는 것이 가장 자연스럽다. 아침에 해가 뜨면 일어나서 활동을 하다가 저녁에 해가 지고 어두워지면 잠자리에 드는 것이 자연의 섭리에 맞춰 사는 가장 좋은 방법이다.

사춘기 청소년들의 일주기 리듬은 일시적으로 변화해 성인들과 다른 모습을 나타내는데 전반적인 사이클이 다음의 그림에서 보는 것보다 2~3시간 정도 늦춰진다. 즉, 오전 6시가 성인이 잠자리에서 일어나야 할 시간이라면 아이들은 그 시간이 오전 9시다. 어른들이 밤 11시가 되면 졸음을 느끼는 것과는 달리 아이들은 새벽 1~2시가 되어야 졸음을 느낀다. 사춘기 아이들은 새벽 1시쯤 잠들어 오전 9시쯤 일어나야 자신의 일주기 리듬에 딱 맞고 학습 효율도 좋아질 수 있다. 실제로 학생들의 등교 시간을 늦추면서 집중력과 행복감이 높아졌다는 조사 결과도 있다.

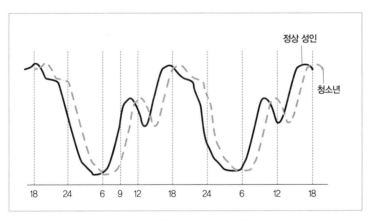

정상적인 성인과 사춘기 청소년들의 일주기 리듬.
사춘기 청소년들의 일주기 리듬은 성인보다 2~3시간 늦다.

하지만 안타깝게도 청소년이 아니라 성인이 주축이 되어 움직이는 세상이다 보니 청소년들도 어쩔 수 없이 아침 일찍 일어나 학교에 가야 한다. 이로 인해 학교 선생님들과 학생들 사이에 주의를 기울일 수 있는 시간에 차이가 생길 수밖에 없다. 선생님들은 아침에 가장 컨디션이 좋지만 아이들은 아침에 일주기 리듬이 바닥에 있어 수업을 힘들어한다. 선생님들의 일주기 리듬은 점심 직후에 잠깐 하강 상태를 그렸다가 다시 살아난다. 이때도 아이들의 일주기 리듬과 일치하지 않는다. 그렇다고 해서 아이

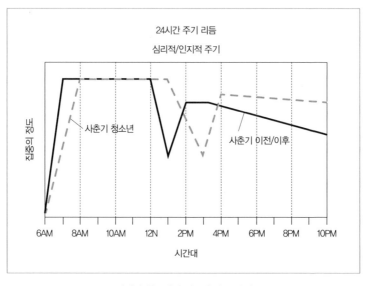

**성인과 청소년의 일주기 리듬 차이**

들이 일주기 리듬에 맞추어 수업을 진행하면 선생님들이 제 실력을 발휘하기 힘들어질 수도 있다. 선생님과 학생 간의 합이 잘 안 맞는 셈이다.

학교 수업은 그렇다 치고 스스로 학습하는 경우를 생각해보자. 만일 오후 5시에 수업이 끝난다면 아이들의 일주기 리듬은 아직 최고점을 찍지 않은 상태다. 밤 8시나 9시 정도까지 아이들의 일주기 리듬은 지속적으로 상승하기 때문에 이 무렵은 학습하기에 최적의 시간대다. 이후 밤 9시가 지나면 일주기 리듬이 하락하기 시작하지만 2~3시간 정도는 그리 크게 떨어지지 않는다. 이후 11시를 지나 2시간 정도는 일주기 리듬이 급격히 하락한다. 그래서 아이들은 새벽 1~2시가 되면 잠들게 되어 있다.

이러한 일주기 리듬의 사이클을 고려하면 방과 후인 오후 시간부터 밤 9시 사이에는 집중을 필요로 하거나 이해력이 요구되는, 즉 활발한 두뇌 활동이 필요한 과목을 공부하는 것이 좋다. 그리고 밤 11시까지는 상대적으로 두뇌 활동을 적게 요구하는 과목에 시간을 할애하고, 그 이후부터 잠자리에 들기 전까지는 두뇌에 부담을 주지 않는 암기 과목 등 한결 수월한 과목에 시간을 배분하는 것이 좋다. 일주기 리듬의 상승기에는 난이도가 있는 과목을 학습하고 일주기 리듬의 하강기에는 난이도가 낮은 과목을 공부하는 것이다. 이렇게 학습하면 두뇌 활동의 부담도 줄이면서 조금 더 두뇌 친화적인 학습을 할 수 있다. 반면에 특별한 전략 없이 무턱대고 공부를 하다 보면 신체리듬까지 뒤죽박죽이 되는 경우가 생긴다.

## 신체리듬에 맞춰 공부 전략을 바꾸자

앞서 소개한 유진이의 경우 일주기 리듬과 학습 내용이 어긋나는 모습을 보였다. 유진이는 쉬운 과목부터 먼저 소화한 후 어려운 과목을 집중적으로 파고드는 스타일의 공부 방법을 가지고 있었다. 그러다 보니 집중력이 높은 오후에 암기 과목 등 상대적으로 수월한 과목을 공부하는 데 시간을 써버리고, 집중력이 떨어지는 시간에 난이도가 있는 과목을 공부하는 패턴이 굳어지게 됐다. 아무래도 늦은 시간에는 일주기 리듬이 떨어지게 되므로 학습 효율도 떨어질 수밖에 없고 상대적으로 적은 시간을 들여서 할 수 있는 공부도 긴 시간을 들여야만 할 수 있었던 것이다.

원인을 확실하게 파악한 뒤 나는 유진이에게 일주기 리듬에 대해 설명해주고 학습 패턴을 바꿔보라고 조언했다. 유진이는 나의 말에 고개를 끄덕이며 조언한 대로 해보겠다고 약속했다.

이후 유진이는 일주기 리듬에 맞추어 학습 내용을 바꾸었다. 그러자 공부하는 것이 조금 더 편해졌다고 한다. 2개월쯤 지나 치른 모의고사에서도 비록 큰 차이는 아니지만 이전보다 좋은 성적을 거두었다. 그와 더불어 학급 석차도 한 단계 상승했다.

일주기 리듬은 눈에 보이지 않지만 이러한 측면도 학습 전략에 반영해야 한다. 굳이 그래프까지 그려보지 않더라도 아이들은 스스로 언제 학습이 가장 잘되는지 안다. 그렇다면 가장 공부가 잘되는 시간에 가장 중요한 과목에 집중해야 하는 것이 당연하다. 하지만 안타깝게도 일부 아이들은 가장 공부가 잘되는 시간에 가장 '만만한' 과목에 매달리는 경향이 있다. 이는 자기만족 때문일 수 있는데 결코 바람직한 공부 방법이라고 할 수 없다.

# [두뇌 특성 맞춤형 공부법 2]
# 집중과 이완을 반복하라

한 과목을 공부하는 경우에도 집중과 이완을 적절히 활용하는 것이 바람직하다. 뇌는 기계와 달라서 오랜 시간 동안 고도의 집중력을 유지할 수 없다. 일반적으로 성인들이 학습을 할 때는 '50분 수업/10분 휴식'의 패턴을 취한다. 대학생들이나 직장인들을 대상으로 한 강의는 보통 그렇다. 1시간 이내에 휴식을 취하는 이유는 뇌가 계속해서 오랜 시간 집중할 수 없기 때문이다. 일정 시간 동안 고도로 집중하고 나면 에너지 수위를 낮추며 이완해야 하는 것이 두뇌의 패턴이다. 그렇지 않을 경우 집중력은 급격하게 떨어지고 만다.

과학저으로 볼 때 성인들이 무언가에 고도로 집중할 수 있는 시간은 20~25분 정도이고, 나이가 어릴수록 그 시간은 짧아진다. 어린아이들은 무언가에 흥미를 느꼈다가도 금방 시들해지곤 하는데 보통 나이에서 2분을 더하거나 뺀 시간이 집중할 수 있는 최소/최대 시간이다. 가령, 16세 청소년의 경우 14~18분 정도가 고도로 집중할 수 있는 시간인 것이다. 이렇게 집중하고 나면 뇌가 이완할 수 있는 시간을 갖는 것이 꼭 필요하다.

예를 들어 2시간 동안 무언가 새로운 것을 학습하고 문제를 풀며 배운 내용을 연습한다고 해보자. 얼핏 생각하면 전반부 60분 동안 집중해서 새로운 내용을 공부하고 후반부 60분 동안 연습 문제를 푸는 것이 효율적이라고 생각할 수 있다. 하지만 이렇게 공부하는 것보다는 20분간 공부하고 20분간 문제를 풀며 연

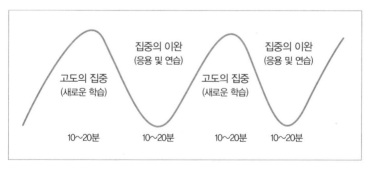

집중과 이완을 반복하는 패턴의 학습 방법이 바람직하다.

습하는 것을 세 차례 반복하는 편이 두뇌의 특성에 부합하는 훨씬 효율적인 방법이다. 물론 이 시간은 학습자의 연령이나 주의력, 의지, 학습 동기, 개인적 스타일 등 여러 가지 요인에 의해 달라질 수는 있다. 그래서 자신에게 적절한, 자신에게 맞는 패턴을 찾는 것이 필요하다. 중요한 것은 이완하는 시간 없이 계속 집중하는 공부만 해서는 안 된다는 것이다. 짧은 시간 동안은 그렇게 할 수 있지만 장기적인 공부에서는 효율적이지 못하다.

## [두뇌 특성 맞춤형 공부법 3]
# 모르는 내용, 억지로 붙잡지 마라

'수포자' 혹은 '영포자'라는 말이 있다. '수학을 포기한 사람', '영어를 포기한 사람'을 일컫는 은어다. 중학생이 되어 학습의 난이도와 복잡도가 증가하면 서서히 특정 과목에 대해 어려움을 느끼고 시간이 지나면 해당 과목 공부를 포기하는 사람들이 생겨난다. 2021년에 실시된 한 조사에 따르면 중·고등학생들 중 수포자의 비율이 13%에 이른다고 한다. 이들이 특정 과목을 포기하는 이유는 두려움과 스트레스 때문이다. 아무리 노력해도 공부한 내용이 이해되지 않고 성적이 잘 나오지 않으니 그 과목에 대해 불안함과 두려움을 느끼며 스트레스 받기보다는 아예 포기하는 길을 택하는 것이다.

사람의 뇌는 유전적·환경적 요인으로 인해 저마다 다르게 발달한다. 가령, 어떤 사람은 수학적인 뇌가 발달하고 어떤 사람은 언어적인 뇌가 발달하는 식이다. 해당 과목을 이해하는 뇌 부위의 발달이 상대적으로 늦어지면 수업 시간에 그 과목을 따라가기가 어려워진다. 학교에서는 정해진 커리큘럼이 있으므로 이해가 안 되는 사람이 있다고 해서 마냥 기다려줄 수가 없다. 그러다 보니 시간이 지날수록 개인에 따라 이해되지 않는 부분들이 쌓이게 되고 수용의 한계 수준을 넘어서게 되면 해당 과목은 결국 포기로 이어진다.

포기 수준까지는 아니어도 학생들 중에는 이해되지 않는 과목을 억지로 붙잡고 있는 경우도 많다. 이런 경우 학습으로 인해 스트레스를 받을 수밖에 없다. 스트레스를 받으면 우리 뇌에서는 코르티솔이라는 호르몬이 분비되고 스트레스 상황을 해소하기 위해 근육을 긴장시키고 혈당을 높여 몸이 최대의 에너지를 내도록 만든다. 스트레스를 받게 되면 감정의 뇌로 에너지가 집중되기 때문에 전두엽으로 흘러 들어가야 할 에너지가 줄어든다. 이로 인해 주의력과 집중력도 저하된다. 사고력이 떨어지는 것이다. 안 그래도 어려운 과목이 더욱 어렵게 느껴질 수밖에 없는 이유다. 끙끙대며 머리를 싸매고 공부해도 달라지는 것이 없다. 이윽고 부정적인 사고가 뇌를 지배하게 되고 이는 자신감 결여와 자괴감으로까지 이어질 수 있다.

지속적으로 이런 상황이 반복되면 해당 과목을 떠올리는 것만으로도 뇌 안에서는 스트레스 상황이 발동되어 제 기능을 못한다. 심하면 사고가 정지되는 수준에 이를 수도 있다. 이런 경우 억지로 모르는 내용을 붙잡고 있기보다 뇌가 편안함을 느낄 수 있도록 자기 수준에 맞는 부분으로 돌아가 차분하게 다시 학습하는 것이 낫다. 쉽게 말해 자신이 고등학교 2학년이라고 해서 반드시 고등학교 2학년 수준의 내용을 공부해야 하는 것이 아니라는 말이다. 고등학교 2학년 수준의 내용이 이해되지 않는 이유는 그 이전 단계 어딘가에서 이해되지 않는 내용이 생겼고 그것이 해결되지 않은 상태에서 계속 진도가 나갔기 때문이다. 어쩌면 중학생 수준의 내용으로 되돌아가야 할 수도 있지만, 때로는 먼 길을 돌아가는 게 더 나을 수도 있다. 특히 수학처럼 선행 단계의 내용을 확실히 이해해야만 다음 단계의 내용을 이해할 수 있도록 커리큘럼이 짜인 과목이라면 더더욱 그렇다. 실제로 외국의 한 학교에서 수학 학습 능력이 부진한 아이들에게 자기 수준에 맞는 교육을 시키자 일정 시간이 지난 후에는 일반 학생들과의 성적 편차가 사라졌다고 한다.

뇌는 실패를 통해 발전한다. 사람의 뇌는 20대 중후반까지 꾸준히 성장하고 발전하기 때문에 나이가 들수록 이해력도 높아진다. 또한, 학습 수준이 높아지면서 과거에는 이해되지 않았던 것들이 저절로 이해되는 순간이 찾아오기도 한다. 만일 자신이 특정 과목을 싫어하게 된 원인으로 돌아가 차근차근 다시 학습을 하게 되면 예전에는 어렵게 여겨졌던 내용들이 의외로 쉽게 이해될지도 모른다. 하나의 학습이 바탕이 되어 다른 내용을 이해하는 속도가 빨라지는 '학습 전이' 효과도 더해질 수 있다. 이렇게 몰랐던 내용이 이해가 되고 어렵게 여겼던 과목에 대한 두려움이 한번 사라지고 나면 더 이상 그 과목으로 인해 스트레스를 받지 않게 된다. 따라서 특정 과목이 어려워 제대로 이해하지 못했을 때 그저 해당 과목을 붙잡고 포기하지도 못한 채 스트레스만 받으며 사상누각을 하기보다는 과감하게 이전 단계로 되돌아가 기초부터 차근차근 공부하는 편이 장기적으로는 현명한 방법일 수 있다.

# [두뇌 특성 맞춤형 공부법 4]
# 살짝 배고픈 상태로 공부하라

청소년기는 신체적으로나 두뇌적으로나 일생에서 가장 왕성한 성장이 이루어지는 시기다. 성장을 위해 필요로 하는 영양분도 많고 에너지가 많이 요구되다 보니 많은 음식을 섭취할 수밖에 없다. 따라서 학습 효과를 높이기 위해서는 먹는 것에도 주의를 기울일 필요가 있다. 대다수의 사람들은 하루에 가장 일이 잘되는 시간으로 오전 시간을 꼽을 것이다. 아침에 출근해 점심을 먹기 직전까지가 가장 몰입이 잘되는 시간이다. 물론 올빼미형 인간들은 이 시간에도 머리가 멍해 있을 때가 많겠지만. 대개 오전에는 포만감을 느끼기보다는 살짝 공복인 상태로 출출함을 느끼는 경우가 많은데 이 시간에 일이 잘되는 것은 역시 신경 작용과 관련이 있다.

미국 예일대학교 연구팀의 연구 결과에 따르면 공복일 때 가장 공부가 잘된다고 한다. 신체에서 분비되는 호르몬 중 그렐린이라는 호르몬이 있다. 그렐린은 위장이 비어 배고픔을 느낄 때 위에서 방출되는 호르몬이다. 참고로 그렐린이라는 명칭은 '성장'을 의미하는 인도의 힌디어에서 유래했다. 배가 고플 때 위에서 분비된 그렐린은 혈관을 따라 뇌로 전달이 되고 시상하부에 작용해 식욕을 증진시킴으로써 음식을 섭취하게 만든다.

그렐린은 식욕을 증진시키는 것 외에 해마에도 강하게 작용한다고 한다. 공복 상태에서 뇌로 전달된 그렐린이 학습과 기억에 관여하는 해마에 도달하면 시냅스 숫자가 30%나 늘어나고 이에 따라 해마의 활동이 활발하게 이루어진다. 예일대학교 연구팀이 쥐를 이용해 미로 탈출 실험을 한 결과, 그렐린을 투여한 쥐들의 성적이 그렐린을 투여하지 않은 쥐들의 성적에 비해 훨씬 뛰어났다고 한다. 이 수치는 유전적인 영향을 받기도 하는데 그렐린 유전자가 제 기능을 발휘하지 못하는 쥐들은 해마에 미치는 영향이 적기 때문에 신경 회로의 숫자가 25%나 줄어들고 기억력이 상대적으로 나빴다고 한다.

유전적으로 기능이 떨어지는 것이야 어찌할 수 없는 일이지만 공복 상태가 되면 우리 몸에서는 자연스럽게 그렐린 수치가 올라가고 이것이 해마의 기능을 활성화되도록 만들어주니 가급적이면 배부른 상태에서 공부하기보다는 살짝 배가 고픈 상태에서 공부를 하는 편이 더 나을 수 있다. 배가 부른 상태에서는 졸음이 찾아올 수도 있고 포만감 때문에 공부를 하기 싫을 수 있다. 즉, 성장에 지장을 주지 않는 범위 내에서 살짝 허기가 느껴지도록 하는 것이 낫다.

섭취하는 음식도 신경을 쓸 필요가 있다. 점심을 먹고 오후만 되면 참을 수 없는 졸음에 시달리곤 하는데 대다수의 사람들은 그 이유를 소화 작용 때문이라고 여긴다. 즉, 밥을 먹고 나면 위에 음식이 가득 차 있어 위와 장의 운동을 돕기 위해 피가 그쪽으로 몰리다 보니 두뇌에 산소 공급이 원활하게 이루어지지 않아서 졸음을 느낀다는 것이다. 하지만 이 이론은 과학자들 사이에서도 진위 여부가 갈리는 것으로 밥을 먹으나 먹지 않으나 두뇌로 가는 혈액의 양에는 변함이 없다는 것이 반대하는 학자들의 의견이다.

신경과학자들 중에는 식사 후에 졸린 이유를 호르몬에서 찾는 사람도 있다. 오렉신이라는 호르몬은 식욕과 각성 상태를 유지시켜주는 화학물질이다. 만일 체내에 오렉신이 부족해지면 졸음과 피로를 느낄 수 있다. 한 의학 저널의 발표에 따르면 잠을 자고 깨어 있는 것을 조절하기 위해서는 적절한 수준의 오렉신이 필요하다고 한다. 만일 오렉신이 극단적으로 감소하면 낮 시간에도 끝없이 졸림을 느낄 수 있다는 것이다.

오렉신의 수치는 혈당과 직접적인 연관이 있다. 탄수화물이 풍부한 음식을 먹으면 이것이 체내에서 포도당으로 바뀌면서 혈당 수치가 증가한다. 뇌는 높아진 혈당 수치를 낮추기 위해 췌장에서 인슐린을 분비한다. 인슐린은 혈액 속 포도당이 체내에 흡수되도록 돕는 역할을 한다. 만일에 대비해 몸속에 에너지를 저장해놓는 것이다. 그런데 인슐린 수치가 높아지면 오렉신의 양은 감소한다. 즉, 탄수화물을 섭취해서 혈당이 높아지면 인슐린이 분비되고 이에 따라 오렉신이 감소하면서 졸음과 피로를 느낀다는 것이다. 연구 결과에 따르면 탄수화물이 풍부한 식사를 한 사람들은 탄수화물이 적게 든 음식을 먹은 사람들에 비해 훨씬 더 빨리 잠들었다고 한다.

졸음을 느낀다는 것은 뇌에 혈액 공급이 제대로 되지 않고 뇌가 활성화되지 않음을 의미한다. 이 상태에서는 뇌의 기능이 떨어질 수밖에 없고 학습을 해도 효율이 좋지 않다. 졸릴 때는 책을 보고 있어도 내용이 머리에 잘 안 들어올 뿐 아니라, 억지로 읽는다 해도 기억에 남을 수 있게 부호화되거나 저장되기 어렵다. 따라서 가급적이면 맑은 정신에서 공부를 하는 것이 좋은데,

그러기 위해서는 졸음을 유발할 수 있는 음식의 섭취는 가급적 줄이는 것이 좋다. 하지만 탄수화물이 졸음을 유발한다고 해서 탄수화물을 극단적으로 줄이는 것은 좋지 않다. 탄수화물은 포도당의 원료로 두뇌의 주요 에너지원이다. 따라서 탄수화물 섭취를 지나치게 줄이면 두뇌에 영양 공급이 충분히 되지 않아 오히려 역효과가 나타날 수도 있다. 그러므로 적당한 수준에서 탄수화물 섭취량을 조절해야 한다.

무엇보다 탄수화물이나 당분이 많은 음식의 섭취를 줄이고 채소를 많이 먹는 것이 좋다. 탄수화물 함유량이 많거나 단 음식은 졸음을 유발하는 신경전달물질을 분비하도록 만들기 때문이다. 채소에 포함된 식이섬유는 혈당의 상승을 완만하게 막아주고 나중에 섭취하는 음식물의 소화를 도와주기도 한다. 식이섬유가 많이 든 음식을 먹는 것은 졸음을 막고 소화의 부담을 줄일 수 있는 좋은 방법이다. 반면, 패스트푸드나 인스턴트식품의 섭취는 피하는 것이 좋다. 이런 음식들은 대부분 튀기거나 기름지고 열량이 많은데 소화 과정에서 독소가 발생되어 노폐물이 쌓이고 두뇌를 탁하게 만든다. 인스턴트식품은 오래 보관하기 위해 인산염을 쓰는데 이는 필수 미네랄인 아연을 파괴하여 머리가 무겁고 둔해지도록 만들며 칼슘을 줄여 정서 불안을 불러일으킬 수 있다.

먹는 것 하나도 이렇게 신경 활동과 관련되어 있으니 성적을 높이기 위해서는 무엇 하나 허투루 넘길 것이 없는 듯하다.

## [두뇌 특성 맞춤형 공부법 5]
# 휴식이 없으면 뇌는 바보가 된다

　두뇌의 작동 원리를 잘 모르다 보니 우리가 자주 하는 실수가 몇 가지 있다. 그중 하나가 쉴 새 없이 머리를 써야 한다고 여기는 것이다. 누군가 멍한 상태로 있는 모습을 보면 주위 사람들은 그 사람이 뇌를 놀리고 있다고 생각한다. 멍하게 앉아 있는 학생은 공부를 안 한다고 보는 것이다. 그래서 "또 놀고 있니?" 하며 잔소리를 한다. 특히나 시험을 앞둔 아이들의 경우 촌각을 다투며 공부를 해도 모자랄 판인데 딴생각을 하며 논다고 꾸지람을 듣기 일쑤다. 하지만 뇌는 기계가 아니다. 기계는 동력이 주어지기만 하면 지치지 않고 처음과 똑같은 페이스로 일할 수 있다.

하지만 인간의 뇌는 쉬지 않고 일할 경우 그 효율이 급격히 떨어진다.

일반적으로 열심히 공부에 집중할 때는 뇌의 다양한 부위들이 활발하게 움직인다. 반면에 우리가 쉴 때는 뇌도 같이 휴식을 취할 것이라고 여긴다. 하지만 뇌는 우리가 쉬는 시간에도 결코 쉬는 법이 없다. 오히려 공부에 몰입할 때보다 더 활발하게 움직인다. 뇌가 무언가에 집중하면 그때는 '주의 모드'라는 것이 작동한다. 학습을 위해 필요한 전두엽이나 두정엽, 언어중추, 해마, 청각중추 등 대뇌피질의 여러 부위와 관련된 연합 영역이 활발히 움직인다. 반면에 휴식을 취하면 주의 모드의 불이 꺼지고 '디폴트 모드'에 불이 들어온다. 디폴트 모드는 명칭 그대로 아무것도 하지 않는 기본 상태에서 움직이는 뇌의 신경 회로다. 주의 모드에 불이 꺼지고 디폴트 모드에 불이 들어오는 순간, 뇌는 외부에서 받아들인 정보들을 정리 정돈하고 통합하며 의미 있는 결과물을 찾아내려고 노력한다.

좀 더 쉽게 말하자면, 디폴트 모드 상태일 때 뇌는 그동안 외부 환경을 통해 받아들인 정보를 활발하게 검색하며 불필요한 정보를 삭제하고 정보를 서로 결합하는 활동을 한다. 얕은 잠의 단계인 렘수면 상태에서 일어나는 두뇌 활동과 유사한 일들이 두뇌가 휴식하는 동안 벌어지는 것이다. 겉으로는 한가롭게 휴

시을 취하는 것처럼 보이지만 오히려 뇌 속에서는 학습한 내용이 소화될 수 있도록 돕는 생산적인 활동이 이루어지고 있는 것이다. 아르키메데스가 욕조의 물이 흘러넘치는 것을 보면서 부력의 원리를 발견한 순간 '유레카'라고 외친 것은 무척 유명한 일화다. 이와 같은 유레카 모먼트는 무언가에 집중하고 몰입해 궁리할 때가 아니라 그러한 상태에서 벗어나 뇌가 한가롭게 휴식을 취하는 순간에 나타나는 경우가 많다.

## 창의적 사고는
## 뇌가 쉴 때 이루어진다

연구에 따르면 뇌에서 알파파가 나올 때 창의적인 사고를 떠올리는 경우가 많다. 과제나 공부에 집중할 때 뇌에서는 베타파가 나오지만 공부로부터 벗어나 한가롭게 지내거나 긍정적인 사고를 하며 휴식을 취하는 디폴트 모드에서는 알파파가 생성된다. 알파파가 나오는 순간에 뇌는 통찰력 있는 해법을 찾고 창의적 사고를 떠올린다. 이러한 과정이 있기에 공부에서 잠시 멀어져 휴식을 취한 후 다시 돌아와도 집중력을 발휘할 수 있는 것이다. 마치 컴퓨터를 사용하지 않고 잠시 방치해두어도 그 안에서는 운영체제가 작동하고 하드디스크의 조각 모음 등의 활동이 이루어지는 셈이라고 할 수 있다.

생쥐를 이용한 한 실험에서, 생쥐가 쉬고 있을 때 그동안 학습한 내용을 뇌에서 정리한다는 사실을 발견했다. 연구팀은 생쥐들이 1.5미터 길이의 미로를 통과하는 훈련을 하는 도중, 먹이를 발견하고 휴식을 취하며 먹이를 먹을 때의 뇌를 촬영했다. 그 결과, 휴식 중인 생쥐의 뇌에서 신경세포들이 미로 학습을 하는 동안 반응했던 순서와 반대로 활동한다는 것을 알아냈다. 즉, 학습한 내용이 마치 비디오테이프를 거꾸로 감는 것처럼 활동하면서 학습 능력을 강화하는 것이다.

학습을 하기 위해서는 주의 모드가 되어야 한다. 정보의 내용을 인식하고 그것을 받아들여 인지하려면 주의를 기울이지 않으면 안 된다. 하지만 주의 모드만 가동하는 것은 제품을 만드는 데 필요한 재료들을 창고에 쌓아두는 것과 다를 바 없다. 재료들을 가치 있는 제품으로 바꾸기 위해서는 그것을 꿰거나 가공하는 등의 후처리가 일어나야 하는데 그 작업이 이루어지는 시간은 디폴트 모드가 가동될 때다. 세상에 알려진 창의적인 생각들의 대부분은 휴식 중 일어났다. 그러므로 휴식 없이 하루 종일 공부만 하는 것보다는 가끔씩 휴식을 취하면서 입력된 정보들이 자연스럽게 처리될 수 있는 시간적 여유를 주는 것이 바람직하다. 머릿속에 정보를 받아들일 창고의 크기는 제한되어 있는데 무조건 정보를 욱여넣기만 한다고 해서 성적이 오르는 것은 아니라는 것이다.

머릿속 창고에 정보가 꽉 차게 되면 더 이상의 정보는 받아들일 수 없게 되거나 이전에 입력된 정보를 밀어내 새로운 자리를 마련할 수밖에 없다. 그러므로 이를 막기 위해서는 중간중간 휴식을 취하며 창고에 쌓인 정보들을 가공해 창고 밖으로 내보내야 한다. 수험생 부모의 입장에서는 아이가 빈둥거리는 모습을 보면 한숨이 날 수 있다. 그 심정을 이해하지 못하는 바는 아니나 한편으로 아이들에게는 휴식이 절실하다. 휴식이 공부 시간보다 길어서는 안 되겠지만 적당한 수준의 휴식은 학습 효율을 높이기 위해 반드시 필요하다. 휴식 없이 계속 뇌를 부려먹기만 하면 뇌가 멍청이가 된다는 사실을 부모와 아이 모두 다시 한번 되새겨야 한다. 다만 쉴 때는 온전히 쉬어야 한다. 휴식 시간에 모바일 기기를 이용해 뇌에 부담을 주는 것은 그리 바람직하지 못하다.

# [두뇌 특성 맞춤형 공부법 6]
# 적당한 낮잠은 공부에 도움이 된다

앞서 여러 번 살펴봤던 일주기 리듬을 다시 한번 들여다보자. 이 그래프에서 낮 12시를 살짝 지난 시점에 잠시 신체리듬이 하강하는 모습을 볼 수 있다. 이 구간에서는 우리가 경험적으로 잘 아는 것처럼 미친 듯이 졸음이 쏟아진다. 이때가 다름 아닌 낮잠 시간이다. 인간은 원래 단상 수면이 아닌 이상 수면을 취했다. 즉, 하루에 두 번 낮잠과 밤잠으로 나눠 잠을 잤다. 유럽의 시에스타를 비롯해 많은 나라에서 즐겼던 낮잠 문화는 신체리듬의 변화에 맞춰 자연스럽게 나타난 현상인 것이다. 이러한 측면에서 낮잠을 자는 것도 학습 효과를 높여줄 수 있는 하나의 방법이다.

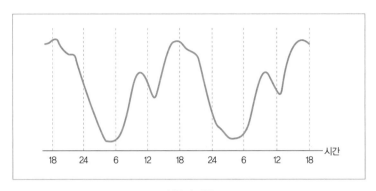

일주기 리듬

처음에 과학자들은 밤잠이 부족해 낮잠을 잔다고 생각했지만 낮잠이 인간의 가장 자연스런 수면 패턴 중에 일부라고 주장하는 과학자들의 연구 결과가 늘고 있는 추세다. 미 항공우주국에서 행한 한 연구에 따르면 26분 동안 낮잠을 잔 경우 비행사의 업무 능력이 34%나 향상됐다고 한다. 45분 동안 낮잠을 자면 인지능력이 34% 정도 향상되고 그 효과는 6시간 이상 지속된다는 것을 밝힌 연구도 있다. 만일 아이들이 공부를 하느라 늘 잠이 부족한 상태라면 점심시간이 지난 직후에 30분 이내로 짧은 낮잠을 취하게 하는 것도 좋은 방법이다. 졸음과 싸우며 멍한 상태로 책상 앞에 앉아 있기보다는 짧은 낮잠을 자는 편이 공부 효율을 더욱 높여줄 수 있다.

수면과학자 매슈 워커는 건강한 젊은 성인들을 모집한 후 얼굴과 이름의 조합으로 구성된 100개의 과제를 내주고 피실험자들을 두 그룹으로 나눈 뒤 암기하도록 했다. 두 집단의 암기력은 비슷한 수준을 보였다. 이후 한 그룹은 90분간 낮잠을 자도록 했고 다른 한 그룹은 낮잠 대신 보드게임이나 인터넷 서핑을 하며 시간을 보내도록 했다. 이후 오후 6시에 다시 모든 피실험자들에게 새로운 과제를 내주며 집중 학습을 하도록 했다. 단기 기억 저장소에 새로운 정보들을 채워 넣으려는 시도였다. 그 결과, 낮잠을 자지 않고 깨어 있었던 그룹의 학습 능력이 점점 떨어졌다. 반면에 90분간 낮잠을 잔 그룹은 뚜렷하게 나은 학습 능력을 보여주었고 성적이 다른 그룹에 비해 20%나 높았다. 매슈 워커는 낮잠이 뇌의 학습 용량을 복구해줌으로써 새 기억을 채워 넣을 수 있는 공간을 마련해줬다고 해석했다.

청소년기 아이들은 밤에 잠을 충분히 자지 못할 가능성이 높다. 그래서 만성 수면 부족에 시달리기도 한다. 이럴 때 잠깐씩 낮잠을 즐기면 두뇌의 효율을 높이는 데 도움이 될 수 있다. 다만 유념해야 할 점이 있다. 낮잠을 오래 자지 않는 것이다. 낮잠 시간은 30분 정도로 짧은 편이 좋다.

[두뇌 특성 맞춤형 공부법 7]
# 딴짓, 이렇게 다스려라

가끔 글이 생각처럼 잘 써지지 않거나 하고 싶은 이야기가 마 땅히 떠오르지 않을 때가 있다. 그래도 꾹 참고 하는 수 없이 책 상 앞에 앉아 글을 쓰려고 하다 보면 일이 손에 잡히지 않는다. 그럴 때면 꼭 지저분한 책상이 눈에 들어온다. 아무렇게나 쌓여 있는 책들, 지저분하게 널린 서류들, 여기저기 뒹굴고 있는 펜과 메모지들 그리고 책상 위의 먼지까지 시선을 붙잡는다. 그러면 갑자기 글쓰기는 미룬 채 책상 정리에 손을 대기 시작한다. 쌓인 책들을 정리하고, 여기저기 어질러진 서류와 필기도구들을 챙겨 서랍에 집어넣는다. 걸레나 물티슈로 책상 위까지 깨끗이 닦고

서야 겨우 글쓰기를 다시 시작한다.

내가 부모님들로부터 가장 많이 받는 질문 중 하나가 바로 이런 것이다. "왜 아이들은 공부를 하려고 자리에 앉으면 그렇게 부지런히 책상 정리를 하는 걸까요?" 사실 해야 할 일에 집중하지 않고 갑자기 딴짓을 하는 것은 아이들만의 일이 아니다. 성인들도 마찬가지다. 도대체 우리는 왜 딴짓을 하는 것일까? 이유는 간단하다. 하기 싫은 일은 가급적 피하거나 뒤로 미루고 싶어 하는 우리 뇌의 특성 때문이다.

뇌는 신체에서 차지하는 무게가 불과 2% 정도밖에 되지 않지만 몸 전체에서 사용되는 에너지의 20% 이상을 소모한다. 에너지 소모가 많은 기관이다. 특히 머리를 써야 하는 인지 활동은 몸을 움직이는 일에 비해 훨씬 많은 노력과 자기통제를 필요로 하기 때문에 에너지 소모가 많을 수밖에 없다. 하지만 뇌는 항상 에너지가 부족할 것을 걱정해 에너지를 가급적 아끼려고 한다. 이로 인해 에너지 소모가 많아지는 일은 본능적으로 거부하거나 뒤로 미루려고 하는 속성을 가졌다. 그래서 에너지 소모가 많은 머리 쓰는 일 대신 에너지 소모가 적은 주변 정리나 청소 등 몸을 쓰는 일로 관심을 돌리는 것이다.

평소에는 하지 않던 책상 정리를 부지런히 하거나 쓸데없이 연필을 깎는 등 학습 준비 과정에 노력을 기울이는 이유도 이 때문이다. 특히 데드라인 전까지 여유 시간이 많은 경우 뇌는 더 이상 미룰 수 없을 때까지 미루고 싶어 하는 경향이 있기 때문에 더욱 딴청을 피우게 된다. 내 아이만 그런 것이 아니라 우리 뇌의 특성이 그렇게 만드는 것이다. 그러니 아이가 잠시 딴짓을 하더라도 "너는 왜 공부만 하라고 하면 그렇게 딴짓을 하니?"라고 야단칠 필요가 없다. 대신 '아이가 공부에 대한 부담을 느끼고 있구나' 하고 이해해주면 된다. 그렇다고 계속 주변 정리만 하도록 내버려둘 수는 없는 일. 그럴 때는 맨손체조 등 몸을 쓰면서도 뇌의 활성화를 돕는 가벼운 운동을 하도록 하면 조금 나을 수 있다.

# 7장

# 공부 환경 _아웃풋이 200% 올라가는 환경을 만들어라

# [최적의 공부 환경 만들기 1]
# 백색소음은 공부에 도움이 된다

'라떼는 말이야'란 말은 전형적인 꼰대 레퍼토리이긴 하지만 이야기를 풀어나가기 위해서는 내 젊은 시절의 이야기를 하지 않을 수 없다. 내가 어린 시절, 그러니까 중학생이나 고등학생 시절에는 공부를 할 때 늘 라디오를 켜놓곤 했다. 좋아하는 음악을 들으려던 이유도 있었지만 DJ들에게 엽서를 보내고 그들이 내 사연을 읽어주는 것을 들으며 마치 대화를 나누는 것 같은 느낌을 받았기 때문이다. 혼자가 아니라는 느낌을 받고 싶어서 그랬을까, 아니면 힘든 공부를 하는 중에 위로를 받고 싶어서 그랬을까? 시대가 많이 바뀌었지만 요즘에도 공부를 하면서 음악을 듣는 아이들이 많다. 음악은 과연 공부에 도움이 될까?

신경과학자들의 연구에 따르면 백색소음은 학습 효율을 높인다고 한다. 모든 색의 빛을 섞으면 백색 빛이 되는 것처럼 인간이 들을 수 있는 모든 주파수 범위의 소리들이 섞인 것을 백색소음이라 한다. 자연에서 들을 수 있는 파도 소리나 빗물 떨어지는 소리, 바람 소리 그리고 주위에서 흔히 들을 수 있는 선풍기나 에어컨이 작동되는 소리 등도 모두 백색소음에 해당된다. 이러한 백색소음이 공부를 할 때 집중력을 높여준다는 사실은 이미 오래전부터 알려져 왔다.

한 연구에서 사무실의 백색소음을 평소보다 10데시벨 정도 높이자 근무 중 잡담이나 불필요한 신체적 움직임이 줄었다고 한다. 하지만 한 달 후에 백색소음을 줄이자 사무실의 사람들은 지루함을 느꼈고 업무 집중력도 떨어졌다고 한다. 미국 시카고대학교의 연구진에 따르면 백색소음을 들려주면 정적이 흐를 때에 비해 집중력과 기억력이 각각 48%, 10% 향상되는 효과가 있으며, 스트레스는 28% 감소하는 것으로 나타났다. 백색소음이 집중력 향상에 도움이 되는 이유는 소리의 주파수 범위가 넓기 때문에 주변 소음이 들리지 않도록 차단해주기 때문이다. 최근 연구 결과에 따르면 최적의 백색소음은 정보 처리를 용이하게 해주며 지각 능력뿐 아니라 기억과 같은 인지 기능에도 긍정적인 영향을 미치는 것으로 나타나고 있다. 또한, 백색소음은 뇌를 자극해 도파민 분비가 늘어나도록 하는데 이는 집중력 향상으로 이어질 수 있다.

## 공부를 할 때 꼭 음악을 듣고 싶다면?

그렇다면 공부를 하거나 일을 하는 동안 음악을 듣는 것이 백색소음처럼 인지능력이나 집중력 등 성과에 영향을 미칠까? 음악이 학습에 미치는 효과는 경우에 따라 다르다. 단순 계산과 같은 공부나 업무는 복잡한 사고를 요하지 않으므로 시간이 지날수록 집중력이 떨어지게 마련이다. 이런 작업을 할 때 경쾌한 음악을 들으면 지루함을 덜 느끼게 됨에 따라 효율성과 정확성이 향상된다. 다만 리듬은 경쾌하더라도 가사가 없는 음악을 듣는 편이 효과적이다.

정보를 많이 담고 있지 않으며 반복적인 선율을 가진 느린 음악은 인지 과제에 대해 성과를 향상시켜준다. 고등학생들을 대상으로 그룹을 나누어 책을 읽는 동안 각각 리듬 변화가 심한 곡, 역동적인 곡, 반복적인 신시사이저 음악을 들려주며 효율을 비교했다. 그 결과, 반복적인 신시사이저 음악을 들은 학생들이 읽기 능력에서 현격하게 높은 점수를 얻었다. 또 다른 실험에서는 일종의 명상 음악이 배경으로 흐를 때의 읽기 능력 점수가 아무런 음악이 흐르지 않을 때의 점수보다 높다는 결과가 나왔다. 정보 처리에 영향을 받지 않은 선에서 음악은 스트레스를 해소하고 긴장을 이완시킴으로써 학습 역량을 높이는 효과가 있다고 볼 수 있다.

전형적인 대중음악은 복잡한 과제 수행이나 학습을 방해한다. 특히 가사가 있는 음악은 멀티태스킹 상황을 유발하며 정보 처리를 방해한다. 학습 내용에 집중하지 못하고 교과 내용과 노래 가사 사이를 오락가락할 수 있는 것이다. 미국 카네기멜론대학교의 교수들이 운전 중에 참인지 거짓인지를 맞추는 인지 문제를 피실험자들에게 제시하고 그때의 뇌 반응을 영상 장비를 이용해 촬영했다. 그러자 문제를 풀지 않고 혼자 운전할 때에 비해 공간 처리와 관련된 두정엽의 움직임이 37%나 감소했다. 반면 음성을 들을 수 있는 측두엽의 기능은 활성화됐다. 즉, 다양한 과제를 동시에 수행할 경우 뇌의 기능이 분산되고 한 가지 일에 집중하기 어려워지는 것이다. 공부를 하는 동안 가사가 있는 음악, 특히 비트가 빠르고 랩처럼 속사포로 가사를 쏟아내는 음악을 듣는 것은 운전을 하면서 문제를 푸는 것과 동일한 결과를 가져올 수 있다.

하지만 안타깝게도 청소년들이 듣는 음악의 대부분은 가사가 있는 대중음악이다. 이런 음악은 공부의 효율을 저하시키므로 가급적 공부할 때는 듣지 않는 편이 좋다. 공부를 할 때 꼭 음악을 듣고 싶다면 가사가 없는 음악을 듣는 것이 좋다.

## [최적의 공부 환경 만들기 2]
# 멀티태스킹 공부는 하지 마라

어느 일요일 오후, 새로 출간된 책과 관련해 출판사 대표와 중요한 통화를 하고 있었다. 그 책은 나름 공을 많이 들인 책이었고 기대가 컸던 책이기에 출판사의 마케팅 상황이 궁금했다. 그래서 출판사 대표에게 관련 상황을 물었다. 상대의 설명이 이어지던 그 순간, 누군가 중요한 사람으로부터 연락이 왔다. 통화 중인 전화도 중요했지만, 새로 걸려온 전화 역시 중요했다.

그 순간 내 머릿속에서는 '아, 받아야 하는데. 어쩌지?' 하며 새로 걸려온 전화를 놓치지 않아야겠다는 생각이 떠올랐고, 이와 동시에 수화기 너머 출판사 대표가 하는 이야기에 집중할 수 없었다. 전화를 끊고 나서 내가 했던 질문에 답을 못 들은 것 같아 '왜 그분은 물어본 것에 대해 대답을 안 했지?' 하는 궁금증이 생겼다. 그러다가 몇 마디 들었던 이야기들이 단편적으로 떠올랐고, 상대방은 내가 물어본 질문에 답을 했지만 내가 듣지 못했다는 사실을 깨닫게 됐다. 귀로는 듣고 있었지만 전두엽에서는 그 내용을 전혀 인지하지 못했던 것이다. 즉, 정보가 뇌 안으로 입력되지 못했던 것이다.

## 우리 뇌는 한 번에 여러 가지 일을 못한다

한 번에 여러 가지 일을 동시에 하는 것을 멀티태스킹이라고 한다. 가령, 인터넷 강의를 듣는 동안 친구로부터 문자가 오거나 메신저로 연락이 와서 확인하고 답을 하는 상황이 멀티태스킹 상황이다. 우리 뇌는 두 가지 일을 동시에 하기 어려워하기 때문에 두 가지 일 중 하나는 제대로 처리하지 못할 가능성이 크다. 즉, 인터넷 강의 내용을 귀담아듣지 못하거나 문자나 메신저 내용을 제대로 볼 수 없게 된다. 대다수의 아이들은 인터넷 강의보다는 친구가 보내온 문자나 메신저 내용이 더 궁금하므로 그것에 마음을 빼앗길 테고 그 순간 뇌에서는 인터넷 강의 내용을 인지하지 못하고 지나가버릴 가능성이 크다.

미국 UC버클리대학교 연구팀이 과제를 순차적으로 수행할 때와 동시에 수행할 때의 뇌 활동을 영상 장비를 이용해 측정했다. 그 결과, 뇌 안에서 동시에 과제를 수행할 때만 활성화되는 영역이 있었다. 이 영역은 순차적으로 과제를 수행할 때는 활성화되지 않았다. 그 부위는 바로 전두엽과 두정엽인데, 둘 다 작업 기억을 관장하는 부위다. 작업 기억 처리에서도 아주 중요한 역할을 하는 영역이 과제를 동시에 수행할 때 활성화된다는 사실은 그만큼 작업 기억에 부담을 주어 효율을 떨어뜨림을 뜻한다.

여러 가지 일을 동시에 하려면 주의 전환이 필요하다. 다음과 같은 작업을 한다고 생각해보자.

1 2 3 4 5 6 7 8 9 10

I  II  III  IV  V  VI  VII  VIII  IX  X

A B C D E F G H I J

아라비아숫자로 1부터 10, 로마숫자로 I부터 X, 알파벳으로 A부터 J까지를 한 줄씩 쓰는 것은 쉽다. 그런데 만일 미리 쓰인 것을 보지 않고 머릿속으로만 떠올리며 '아라비아숫자 - 로마숫자 - 알파벳' 순서대로 써야 한다면, 즉 '1-I-A, 2-II-B…'처럼 써나가야 한다면 아라비아숫자를 쓰고 나서 로마숫자를 떠올려야 하고, 로마숫자를 쓰고 나서는 알파벳을 떠올려야 한다. 알파벳을 쓰고 난 후에는 다시 또 아라비아숫자를 떠올려야 한다. 아라비아숫자, 로마숫자, 알파벳은 서로 다른 주의를 필요로 한다. 즉, 아라비아숫자로 5를 쓰고 나면 '로마숫자로 5가 뭐더라?' 하고 떠올려야 하며 다시 '영어 알파벳을 어디까지 썼더라?' 하고 새로운 과제에 주의를 기울여야 한다. 이렇게 하나의 과제에서 다른 과제로 주의를 바꾸는 것을 주의 전환이라고 하는데 이를 수행하려면 작업 기억이 필요하다.

신경학자들에 의하면 하나의 일에서 다른 일로 전환하는 데는 작업 기억을 필요로 하며 이때 에너지 소모가 동반된다고 한다. 한 번에 다루는 과제가 많을수록 과제 수행과 주의 전환에 요구되는 작업 기억으로 인해 에너지 소모가 늘어나는데 전전두엽에서 소비 가능한 에너지는 한정적이므로 과제 간의 주의 전환이 어려워진다. 결과적으로 전체 과제 수행의 효율이 떨어지고 시간은 더욱 오래 걸릴 수밖에 없다.

반면에 하나의 과제에만 집중해 수행하면 주의 전환이 필요 없으므로 일이 일찍 끝난다. 2개의 과제를 번갈아 할 경우 하나의 과제를 하다가 다른 과제로 전환하는 데 시간이 20%가 소요

된다고 한다. 그렇다면 과제 전환에 소요되는 시간을 제외한 나머지 80%의 시간을 두 과제가 나누어 쓰는 것이므로 하나의 과제에 배당되는 시간은 50%가 아니라 40%에 불과하다. 동시에 처리하는 과제의 개수가 많아질수록 실제 일을 하는 데 소요되는 시간보다는 과제 전환에 소모되는 시간이 늘어나는 것이다. 학생들 중에서는 과목을 번갈아가며 학습하는 경우가 있는데 이는 결코 좋은 학습법이 아니다. 적어도 20분 이상 한 과목을 꾸준히 공부해야 한다.

| 동시에 수행되는<br>프로젝트 개수 | 프로젝트별로<br>할당되는 시간 비율 | 과제 전환으로 인해<br>소모되는 시간 비율 |
|---|---|---|
| 1개 | 100% | 0% |
| 2개 | 40% | 20% |
| 3개 | 20% | 40% |
| 4개 | 10% | 60% |
| 5개 | 5% | 75% |

　주위의 방해 요소를 없애는 것도 중요하다. 앞서 말한 것처럼 주위에 방해 요소가 많으면 많을수록 작업 기억에 부담을 주고 주의가 산만해질 가능성이 크다. 게다가 성인보다 작업 기억의 용량이 적은 아이들이라면 사소한 일에도 쉽게 산만해질 수

있다. 인터넷 강의를 듣는 동안 문자나 메신저가 오면 인터넷 강의 내용에 문자나 메신저 내용까지 더해지는 것이므로 처리해야 할 정보가 그만큼 늘어나는 셈이다. 작업 기억에 투입되는 정보가 많아지다 보니 자연스레 주의를 빼앗기는 것이다. 그러므로 가급적 공부를 할 때 주변의 방해 요소가 없도록 해주는 것이 좋다. 가장 좋은 방법 중 하나는 공부하는 동안에는 주위에서 전자기기를 치우는 것이다. 이러한 기기들은 두뇌의 기능을 분산시키고 학습 효율을 떨어지게 만든다.

요즘에는 데스크톱이나 노트북 등 PC를 이용해 공부를 하는 경우가 빈번하다. 따라서 아이들이 쓰는 PC에는 카카오톡이나 다른 메신저 프로그램은 설치하지 않는 것이 바람직하다. 메신저뿐만 아니라 학습을 방해할 수 있는 모든 애플리케이션들도 마찬가지다. 애플리케이션들은 모바일에 설치해서 필요할 때만 사용해도 충분하다.

## [최적의 공부 환경 만들기 3]
# 공부방에서 전자 기기를 치워버려라

스마트폰이 생활필수품으로 자리 잡은 이래 인류의 삶은 스마트폰을 중심으로 빠르게 재편되고 있다. 이제 어지간한 일상의 모든 일들은 스마트폰을 통해 불편함 없이 해결할 수 있는 수준에 다다랐다. 물론 아직도 개발의 여지가 무궁무진하게 남았기에 앞으로 얼마나 더 달라질 수 있을지는 장담하기 어렵지만 스마트폰 하나만 있으면 하루 종일 밖에 나가지 않고도 먹고, 즐기고, 관계를 맺고 소통하며 불편하지 않은 삶을 영위할 수 있다. 스마트폰 덕분에 인류의 삶은 점점 더 편리하게 바뀌어나가는 중이다.

하지만 빛이 밝으면 그림자는 더욱 어두운 법. 스마트폰의 보급으로 인해 많은 부작용도 생겨났다. 그중 하나가 '팝콘 브레인'이다. 습관처럼 스마트폰을 자주 들여다보는 것, 스마트폰을 확인하지 않으면 불안한 것, 일상적으로 반복되는 생활에 흥미를 느끼지 못하는 것, 가족이나 친구 등 주변 사람들과 같이 어울리기보다는 스마트폰을 가지고 노는 것을 더 좋아하는 것 등이 팝콘 브레인의 대표적인 증상이다.

팝콘 브레인이 되면 마치 높은 온도에서 옥수수가 터지며 팝콘이 되듯 뇌가 크고 강렬한 자극에만 반응한다. 일상생활에서의 소소하고 평범한 일들에 대해서는 무감각해지고 마는 것이다. 가령, 긴 문장으로 된 글을 읽는 것이 지루해 책을 읽지 못한다. 긴 영상을 보지 못해 영화처럼 긴 시간을 할애해야 하는 매체를 누리지 못하고 인스타그램 릴스나 유튜브 쇼츠나 틱톡 등 짧은 영상에만 관심을 가지게 된다. 1분 이내의 영상으로 편집된 콘텐츠들이 젊은 세대에게 인기를 끄는 이유다. 태어날 때부터 스마트폰을 손에 쥐고 자란 세대에게는 어쩔 수 없는 현상인데 문제는 이런 현상들이 학습에도 부정적인 영향을 미친다는 점이다.

우선 긴 문장을 읽기 힘들어하니 교과서를 읽고 제대로 이해하는 데 어려움을 느낀다. 문제를 풀려고 해도 긴 문장으로 쓰인 문제를 제대로 읽지 못해 문제를 이해하는 것에서부터 어려움을 겪는다. 또한, 한 가지 행동을 꾸준하고 진득하게 하지 못해 자리에 앉아 긴 시간 공부를 하지 못한다. 팝콘이 튀겨지듯 순간적인 자극을 따라 뇌가 즉각 반응하므로 집중력이 떨어지고 참을성이 약해져 자주 딴짓을 한다. 이런 아이들의 학업 성적이 좋을 리 없다. 스마트폰 세대의 잘못이라고 하기엔 이들로써는 억울한 면도 있겠지만 배경이 어찌 됐든 결과적으로 뇌는 제 기능을 하지 못하게 된다.

팝콘 브레인으로부터 벗어나려면 스마트폰 사용을 줄이는 수밖에 방법이 없다. 가령, 잠자리에 들기 전에는 스마트폰을 사용하지 않아야 한다. 그래야만 수면의 질과 충분한 수면 시간을 양호하게 유지할 수 있다. 깨어 있는 시간 동안에도 스마트폰 사용 시간이나 사용 방법 등에 일정한 규칙을 정해놓고 사용하도록 해야 한다. 하루 중 일정 시간에만 스마트폰을 사용하게 한다거나 스마트폰을 사용할 수 없는 시간을 정해두어 그 시간이 되면 스마트폰 사용을 차단하는 방법도 있다. 이런 규칙은 어렸을 때부터 엄하게 적용하는 것이 좋다. 뇌가 한 번 강한 자극에 맛을 들이게 되면 뇌는 더욱 강한 자극을 찾는다. 그런 상황에 지속적으로 노출되면 더욱더 일상의 소소한 일들에 무관심하게 되고 학습과 관련된 활동들도 어려워할 수밖에 없다.

# [최적의 공부 환경 만들기 4]
# 브레인 푸드를 섭취하라

　음식은 두뇌의 기능에 직접적으로 영향을 미친다. 어떤 음식을 먹느냐에 따라 뇌의 건강 상태가 달라질 수 있고 학습에도 영향을 준다. 중요한 시험을 앞두고 있다면 가급적 음식에도 신경을 써야 한다. 어떤 음식을 먹느냐에 따라 작업 기억이 영향을 받기도 하는데 우리가 먹는 여러 음식들 중에는 작업 기억을 유지시켜주는 것, 신경세포의 성장을 촉진하고 혈류를 증가시킴으로써 작업 기억을 높여주는 것, 신경세포 사이의 전기신호 전달을 촉진해 신경 신호가 원활하게 전달될 수 있게 해주는 것 등이 있다. 모든 음식을 고르게 섭취하는 것이 가장 좋지만 공부를 하는 학생이라면 이런 음식들을 조금 더 신경 써서 섭취하는 것이 좋다.

## 작업 기억 역량 향상에 도움을 주는 식품들

우유와 같은 유제품은 작업 기억을 유지하는 데 도움을 준다. 미국 메인주와 오스트레일리아의 연구자들이 900명 이상의 성인을 대상으로 2012년에 실시한 연구에 따르면, 우유와 요구르트, 치즈와 같은 유제품들을 많이 먹는 사람들의 작업 기억이 그렇지 않은 사람들에 비해 좋다고 한다. 1일 유제품 섭취량이 가장 많은 사람들이 여덟 가지에 달하는 인지능력 검사에서 좋은 점수를 얻었다고 하니 유제품 섭취를 적극 권할 만하다. 저지방 유제품을 많이 섭취하면 작업 기억을 유지하는 데 도움이 된다는 연구 결과도 있다. 한편, 포화지방을 많이 함유한 식품을 섭취하면 기억력과 인지능력이 감소하며 우유가 몸에 좋지 않다는 주장도 있지만 과다하게 섭취하지만 않는다면 유제품의 섭취는 두뇌에 나쁘지 않다고 본다.

지방이 포함되지 않은 붉은 고기에는 카르니틴과 비타민 B12

라는 성분이 함유되어 있는데 이것들도 작업 기억에 도움을 준다. 카르니틴은 지방 연소를 돕고 신경세포들 사이의 신호 전달 속도를 높여준다. 비타민 B12가 부족하면 뇌가 수축되며 어지러움과 신경계 손상에 의한 증상들을 나타낼 수 있다. 그렇다고 지나치게 많은 양을 섭취하는 것은 좋지 않다.

과일과 채소는 플라보노이드를 포함하고 있어 작업 기억을 증진시킬 뿐 아니라 기억력 감퇴도 막아준다. 플라보노이드에는 강력한 항산화 물질이 들어 있어 인지 과제를 수행하는 영역에 영양소를 공급해주며 뇌에서 혈액순환이 원활하게 이루어지게 만들어준다. 베리와 같은 장과류, 허브, 코코아 함량이 70% 이상 함유되어 있는 다크 초콜릿, 시금치, 콩, 자두 등이 플라보노이드를 풍부하게 함유하고 있는 식품들이다.

## 신경 신호의
## 원활한 전달을 돕는 식품들

이제는 모르는 사람이 거의 없겠지만 오메가3 지방산이나 DHA, EPA 등은 신경세포 사이에서 전기적인 신호 전달이 원활하게 이루어지도록 만들어주는 식품들이다. 따라서 이런 식품들을 많이 섭취하면 두뇌 발달이 촉진된다. 한 연구진이 2012년에 18~25세 사이의 건강한 젊은 사람들을 대상으로 6개월간 오메가3 지방산을 섭취하도록 했더니 작업 기억이 크게 향상됐다고 한다. 반면에 오메가3 지방산이 부족하면 작업 기억이 나빠질 수 있다. 심지어 오메가3 지방산은 뇌 크기에도 영향을 미친다고 한다. 임신과 수유 기간에 오메가3 지방산을 섭취한 임산부의 아이가 오메가6 지방산을 섭취한 임산부의 아이보다 뇌가 컸다고 한다. 이 아이들이 네 살이 됐을 때 지능검사를 하자 오메가3 지방산을 섭취한 임산부의 아이들이 그렇지 않은 임산부의 아이들보다 훨씬 높은 점수를 기록했다. UCLA 연구진이 성인 3,000명을 대상으로 2012년에 실시한 연구의 결과도 주목할 만한데 DHA 수치가 낮은 사람은 작업 기억이 필요한 과제를 수행하는 능력이 그렇지 않은 사람들에 비해 떨어졌다고 한다. 이러한 성분들은 연어나 참치, 고등어, 정어리 등에 많이 들어 있으며 호두나 녹색잎채소를 통해서도 섭취할 수 있다.

평소에 두뇌 훈련을 통해 작업 기억을 끌어올리는 것도 중요하지만 음식물의 섭취를 통해서 작업 기억을 높일 수 있는 바탕을 만들어준다면 학습 역량이 상승하는 효과를 얻을 수 있다. 다만 과유불급이라는 말처럼 무엇이든 지나쳐서는 안 된다. 미국 존스홉킨스대학교의 연구에 따르면 배불리 먹게 만든 쥐들은 나이가 들면서 인지 기능에 이상이 나타나기 시작했지만 소식하며 칼로리 섭취를 절제한 쥐들은 작업 기억이 전혀 손상되지 않았다고 한다. 그러므로 두뇌 건강에 좋은 음식을 골라 배부르지 않을 정도로 적당히 섭취하는 것이 좋다.

## 물만 잘 마셔도 학습 능력이 좋아진다

또 하나 염두에 두어야 할 것이 평소 물을 충분히 마시는 습관이다. 사람에 따라서는 '배가 부르다', '화장실을 자주 가야 한다' 등의 이유로 물을 챙겨 마시는 것을 싫어하는 사람들도 있는데 이는 두뇌 건강에 좋지 않은 습관이다. 물은 우리 몸의 60% 이상을 차지하는 중요한 성분 중 하나다. 체온조절이나 세포 및 조직을 유지하는 대사 활동처럼 우리 몸에서 일어나는 생화학적 반응과 대다수의 기능들은 물을 꼭 필요로 한다. 체내에 수분이 부족하면 이러한 활동이 제대로 이루어지지 못해 염증 반응이나 면역력 저하 등을 불러일으킨다. 특히 뇌의 80% 정도는 물로 이루어져 있다. 이 중에서 2% 정도만 탈수가 돼도 두뇌 피로를 유발할 수 있고 주의력과 기억력, 판단력 등 두뇌 기능이 떨어질 수 있다. 어지러움과 두통을 유발할 수도 있다. 두뇌 기능이 떨어지면 당연히 학습 효율도 떨어진다. 따라서 평소 충분한 물을 마심으로써 뇌세포가 최적의 상태를 유지하고 정신 활동을 지원하는 데 도움이 되도록 만들어야 한다. 물을 충분히 마시는 것도 두뇌 상태를 최적으로 유지할 수 있는 방법 중 하나다.

# [최적의 공부 환경 만들기 5]
# 식사 시간을 절대 아까워하지 마라

뇌가 활성화되면 학습을 하는 데 유리할 것은 불 보듯 뻔한 일이다. 뇌를 활성화시키려면 뇌로 가는 혈류의 양을 늘려주면 된다. 가장 좋은 방법은 운동을 하는 것이지만 공부에 쫓기는 아이들이 꼬박꼬박 시간을 내어 운동을 하기는 그리 쉽지 않다. 가급적 매일 쉬지 않고 운동하는 것이 좋지만 그럴 마음이 있어도 막상 공부에 쫓기다 보면 운동과 멀어질 가능성이 높다. 그런데 운동을 하는 것 외에 아주 간단하게 뇌를 활성화시키는 방법이 있다. 저작 활동, 즉 무언가를 씹으면 된다. 뇌로 가는 혈류량을 높여주는 것이 핵심이므로 몸을 움직이는 대신 턱을 움직여주는 것이다.

수험생들 중에는 식사 시간조차 아까워하곤 하는 아이들이 있다. 그래서 국이나 물에 밥을 말아 먹는 둥 마는 둥 급히 식사를 마치기도 한다. 하지만 밥은 가급적 오래오래 꼭꼭 씹어 먹는 것이 좋다. 부모님들 중에는 아이들의 소화를 걱정하며 편하게 먹을 수 있는 부드러운 음식을 준비해주는 경우가 종종 있다. 죽이나 샌드위치 같은 음식들이 대표적이다. 하지만 아이의 건강과 성적을 생각한다면 이보다는 조금 더 딱딱한 음식을 준비해주는 것이 좋다. 턱은 뇌로 연결된 혈관이 지나가는 관문이다. 턱을 지나는 대부분의 혈관이 뇌로 연결된다. 그래서 턱을 움직여주면 그만큼 뇌로 가는 혈류량이 많아지고 뇌를 활성화하는 데 도움이 된다. 물론 어느 정도 한계는 있지만 말이다. 따라서 씹지 않고 삼킬 수 있는 음식보다 꼭꼭 씹어 먹을 수 있는 음식이 아이들의 두뇌 발달이나 학습에 더 큰 도움이 된다.

우리 뇌는 참으로 신비한 존재여서 신경세포들 중에는 스스로 생명을 끊는 경우가 있다. 이를 '세포사' 혹은 '세포사멸'이라고 부른다. 이런 현상이 일어나는 이유는 세포가 무언가 나쁜 세균에 감염되거나 손상됐을 때 그 확산을 막기 위한 것이기도 하고, 정해진 수명이 다한 경우에도 스스로 삶을 조절한다. 장기간 사용하지 않아 쓸모없다고 여겨지는 세포들 중에서도 스스로 목숨을 끊는 경우가 있다. 건강하고 좋은 세포를 남겨놓기 위한 우리 몸의 자발적인 조치라고 보면 된다. 마치 텃밭에서 병든 싹들을 솎아내야 나머지 작물들이 튼튼하고 크게 자라는 것처럼 말이다. 학습과 기억을 담당하는 해마에서도 세포사가 일어난다. 쥐들을 대상으로 한 일본 연구진의 연구에 따르면 씹기가 어려워진 쥐들의 경우 정상적인 쥐에 비해 세포사 비율이 30%나 높았다고 한다.

## 씹기 활동과 기억력의 상관관계

이쯤에서 기억의 원리를 다시 한번 되새겨보자. 외부에서 새로운 정보가 입력되면 그것이 바로 장기 기억으로 저장되지 않는다. 새로운 정보는 일단 해마로 보내져 그곳에서 정리 정돈을 거친다. 그중에 강한 자극이 주어지거나 반복적인 입력이 이루어진 정보는 중요하다고 여기고 대뇌피질로 보내 장기 기억이 되도록 한다. 그런데 신경세포가 장기간 새로운 정보를 받아들이지 않을 경우 더 이상 필요 없다고 생각해 스스로 세포를 사멸시킨다. 씹는 일을 게을리할 경우 뇌 안에서 이런 일이 일어날 수 있다. 치아가 적을수록 해마와 전두엽의 용적이 감소한다는 연구 결과가 있다. 다행히 씹는 행위가 늘어나면 뇌가 활성화되고 신경세포나 신경 회로의 연결이 녹슬지 않게 되어 세포의 자살도 줄어든다. 씹는 것만으로도 해마의 신경세포가 활성화되고 신경 회로의 활성화 범위가 넓어질 수 있으므로 저작 활동을 절대 가볍게 보아서는 안 된다.

씹는 행위는 기억력에까지 영향을 미친다. 해마의 활동을 달라지게 만들기 때문에 어쩌면 당연한 결과일 것이다. 앞서도 한 번 언급했던 모리스 미로 실험이 생각나는가? 모리스 미로 실험을 5일간 반복한 후 쥐의 배가 하늘을 향하도록 묶어놓으면 쥐들은 몸을 움직이지 못해 스트레스를 받는다. 이를 구속 스트레스 실험이라고 한다. 이렇게 스트레스를 준 후 쥐들에게 모리스 미로 실험을 하면 발판까지 찾아가는 시간이 3배 가까이 늘어난다. 스트레스로 인해 기억력이 현저히 감소하는 것이다. 그런데 쥐가 묶여서 꼼짝 못하는 동안 나무 막대기를 주어 저작 활동을 가능하게 해준 쥐는 스트레스를 받기 전과 별 차이 없는 시간에 발판에 도착했다.

씹는 행위는 관자놀이 부근의 근육인 측두근과 뺨에 손을 대고 이를 꽉 물었을 때 부풀어오르는 깨물근 등 다양한 근육을 움직이도록 만든다. 씹는 동안 뇌는 다양한 정보를 수집하여 적합한 행동을 하도록 지령을 내리므로 뇌가 활성화될 수밖에 없다. 또한, 맛의 정보도 뇌로 전달되어 뇌를 활성화시킨다. 천천히 맛을 음미하면서 음식물을 씹으면 전두연합영역이 활성화되는데 이 부위는 대뇌피질 중 약 30%의 부피를 차지하는 곳이다. 맛을 음미하며 씹을 때 이 부위가 더욱 강하게 활성화된다. 특히 이곳에는 해마와 연결된 네트워크가 존재하는데 음식을 씹을 때 이 부위가 강화되어 인지 기능이 높아질 수 있다.

작업 기억도 씹는 행위를 통해 향상시킬 수 있다. 엔백 실험을 껌을 씹기 전에 두 차례, 껌을 씹고 난 후 한 차례 실시하면서 그 순간 어느 부위가 활성화되는지 영상 장비로 촬영해 살펴보았다. 그 결과, 껌을 씹지 않고 실시한 두 번의 실험에서는 뇌로 공급되는 산소의 양이 높아지지 않았고 정답을 맞히는 확률도 낮았다. 반면에 껌을 씹은 후에 치러진 테스트에서는 뇌로 가는 산소의 양이 늘면서 성적도 좋아졌다. 씹는 것이 집중력과 함께 작업 기억을 높여줄 수 있다고 유추할 수 있는 실험 결과다.

다만 이 글을 읽고 오해하지 않았으면 한다. 씹는 행위가 직접적으로 학업 성적을 높여줄 수는 없다. 요지는 뇌를 조금이나마 학습 내용을 받아들이기 좋은 상태로 만들고 학습한 내용을 잊지 않을 수 있는 상태로 만들어준다는 것이다. 뇌를 활성화된 상태로 만들어주는 가장 좋은 활동은 운동을 하는 것이지만, 운동

시간도 아껴서 1점이라도 올리는 게 아쉬운 수험생 입장을 고려해 이런 방법도 효과가 있음을 말하고 싶을 뿐이다. 같은 맥락에서 껌을 씹으면 도파민 분비가 늘어나고 스트레스가 줄어들어 집중력이 좋아진다. 하루에 껌을 두세 개 씹는 것만으로도 학습에 도움이 될 수 있으니 이런 습관을 들이는 것도 좋을 듯하다.

그렇다면 어떤 음식이든 씹을 수 있는 것이면 다 좋을까? 그렇지 않다. 지나치게 딱딱한 음식은 별로 도움이 되지 않는다. 치아와 턱 관절에 무리가 가지 않을 정도로 딱딱한 음식이 좋다. 가장 좋은 것이 호두나 땅콩과 같은 견과류다. 껌을 씹으면 감각이나 운동피질, 연합피질 등 뇌의 다양한 부위가 활성화되는데, 마른오징어와 같이 지나치게 딱딱한 음식을 씹게 되면 소뇌를 제외한 다른 두뇌 부위는 오히려 활성이 저하된다고 한다. 즉, 너무 딱딱한 음식보다는 꼭꼭 씹어야만 삼킬 수 있는 정도의 음식이 좋다. 다소 부드러운 음식이라도 금방 삼키지 않고 오래오래 씹으면 비슷한 효과를 얻을 수 있다.

# [최적의 공부 환경 만들기 6]
# 장이 편해야 두뇌 효율이 좋아진다

나이가 들면 장의 기능이 떨어지고 장 트러블이 생기는 일이 더욱 잦아진다. 그러면서 나타나는 증상 중 하나가 집중력이 떨어지고 무엇이든 귀찮게 느껴지는 것이다. 장이 편하지 않으니 주의를 지속하는 시간이 짧아져 일의 효율이 떨어지는 경우도 많다. 장은 두뇌 활동과 무관하다고 여길 수 있지만 장이 안 좋으면 학습에도 영향을 미칠 수 있다. 장에는 뇌의 1/1,000 수준에 달하는 신경세포가 분포되어 있다. 비록 신경세포의 수는 적지만 장은 '제2의 뇌'라고 불릴 만큼 중요한 역할을 한다. 장이 건강한 사람은 신체와 뇌가 건강하지만 장이 건강하지 못한 사람은 신체는 물론 뇌도 건강하지 못하다.

뇌와 장은 독립적으로 기능을 발휘하지만 서로 협력하기도 한다. 장에서 보낸 신호는 뇌의 다양한 영역으로 도달해 감정의 처리나 불안 감지, 의욕, 기억 등의 기능에 영향을 미친다. 세로토닌이나 도파민 같은 신경전달물질 역시 일정 부분은 장에서 만들어져 감정 상태에 영향을 미친다. 장이 건강하지 못하면 감정상태가 그리 좋지 못하거나 만사가 귀찮고 힘들게 느껴지는 것도 이런 이유 때문이다. 장 트러블이 오래 되면 우울증과 같은 증상이 나타나기도 한다. 또한, 장의 건강 상태는 뇌의 기능에도 영향을 미치는데, 장의 건강이 좋지 않으면 집중력이나 기억력이 떨어져 학습 능력이 저하된다. 스트레스에 대한 저항 능력도 낮아져 각종 질병이나 질환에 쉽게 노출될 우려도 있다.

장기적으로 공부를 해야 하는 입장에서는 사소한 것도 불편을 야기할 수 있고, 그러한 불편은 학습 효율을 떨어뜨리는 요인으로 작용하기도 한다. 하물며 '제2의 뇌'라고 불리는 장의 중요성은 두말할 필요가 없다. 따라서 평소에 장을 건강하게 유지하는 것이 뇌의 건강을 지키는 일이다. 장 트러블을 겪고 있다면 공부에 집중하기 어려우므로 방치하지 말고 서둘러 치료하는 것이 좋다. 한 실험에서 장에 좋은 유산균을 우울증을 앓고 있는 쥐에게 투여하자 혈액 속의 스트레스 호르몬이 줄어들고 의욕이 증가했다. 또한, 학습 능력이나 기억력 테스트에서도 다른 쥐들에 비해 높은 점수를 받았다. 장이 건강해진 것만으로 우울증에서 벗어날 수 있고 학습 효율도 높아진 것이다. 그러므로 틈틈이 장 마시지를 통해 장을 편안하게 만들어주거나 장에 좋은 유산균을 통해 장을 건강하게 관리해야 한다. 장에 부담을 덜 주는 음식을 먹는 것도 신경 써야 할 일이다.

## 참고 문헌

### •1장• 작업 기억이 성적을 좌우한다

- Graeme S Halford, Nelson Cowan, Glenda Andrews, Separating Cognitive Capacity from Knowledge: A New Hypothesis, *Trends in Cognitive Sciences*, 2007 Jun; 11(6): 236–242.

- Jeremy R Gray, Christopher F Chabris, Todd S Braver, Neural Mechanisms of General Fluid Intelligence, *Nature Neuroscience*, 2003 Mar;6(3):316-22.

- Michael J Kane, Zach Hambrick, Stephen W. Tuholski, Oliver Wilhelm, The Generality of Working Memory Capacity: A Latent-Variable Approach to Verbal and Visuospatial Memory Span and Reasoning, *Journal of Experimental Psychology: General*, 2004 June, 133(2):189-217.

- Susanne Jaeggi, Martin Buschkuehl, John Jonides, Walter J Perrig, Improving Fluid Intelligence with Training on Working Memory, *Proceedings of the National Academy of Sciences*, 2008 June, 105(19):6829-33.

- 양은우, 《처음 만나는 뇌과학 이야기》, 카시오페아, 2016.

- 최승필, 《공부머리 독서법》, 책구루, 2018.

- 토르켈 클링베르그, 《넘치는 뇌》, 한태영 옮김, 윌컴퍼니, 2012.

- 트레이시 앨러웨이·로스 앨러웨이, 《파워풀 워킹 메모리》, 이충호 옮김, 문학동네, 2014.
- 트레이시 앨러웨이·로스 앨러웨이, 《학습 어려움의 이해와 극복, 작업 기억에 달렸다》, 이찬승·이나경 옮김, 교육을 바꾸는 사람들, 2017.
- 〈독해력 향상의 비밀-의미 단위 읽기〉, 스터디포스 언어과학연구소 학습심리칼럼, 2020년 2월 14일자 기사.
- 〈독해력 기초 훈련 2. 작업 기억(워킹메모리) 훈련〉, 스터디포스 언어과학연구소 학습심리칼럼, 2018년 2월 23일자 기사.
- '워킹 메모리(작업기억)', 〈스펀지 2.0: 공부 잘하는 법〉, KBS, 2007.

## • 2장 • 메타 인지가 뛰어난 아이가 공부를 잘한다

- M. K. Smith, W. B. Wood, W. K. Adams, C. Wieman, J. K. Knight, N. Guild, AND T. T. Su, Why Peer Discussion Improves Student Performance on In-Class Concept Questions, *Science*, 2009 Jan , Vol 323, Issue 5910 pp. 122-124
- O.T. Laseinde, S.B. Adejuyigbe, Khumbulani Mpofu, Harold Moody Campbell, Educating Tomorrows Engineers: Reinforcing Engineering Concepts through Virtual Reality (VR) Teaching Aid, *IEEE International Conference on Industrial Engineering and Engineering Management*, 2015 Dec.

- Stephen M. Fleming, Metacognition and Confidence: A Review and Synthesis, *Annual Review of Psychology*, 2024, Vol. 75:241–268.
- Stephen M. Fleming, Rimona S. Weil, Zoltan Nagy, Raymond J. Dolan, and Geraint Rees, Relating Introspective Accuracy to Individual Differences in Brain Structure, *Science*. 2010 Sep 17; 329(5998): 1541–1543.
- 리사 손,《메타인지 학습법》, 21세기북스, 2019.
- 이웅달, '생각공부가 진짜 공부다 ④ 생각을 생각하는 메타 인지', 〈En에듀인뉴스〉, 2016년 9월 7일자 기사.
- '0.1%의 비밀', 〈교육대기획 10부작 학교란 무엇인가〉, EBS, 2010.
- '전교 1등은 알고 있는 공부에 대한 공부', 〈시사기획 창〉, KBS, 2014.

## • 3장 • 수면_ 양질의 충분한 잠이 성적을 올려준다

- Chang A-M, Aeschbach D, Duffy JF, et al., Evening Use of Light-emitting eReaders Negatively Affects Sleep, Circadian Timing, Next-morning Alertness", *PNAS*, 2015;112(4):1232-1237.
- David L. Chandler, Study: Better sleep habits lead to better college grades, *MIT News*, 2019.10.1.
- 매슈 워커,《우리는 왜 잠을 자야 할까》, 이한음 옮김, 열린책들,

2019.

- 이케가야 유지, 《뇌는 왜 내 편이 아닌가》, 최려진 옮김, 위즈덤하우스, 2013.
- 이케가야 유지, 《착각하는 뇌》, 김성기 옮김, 리더스북, 2008.
- 존 메디나, 《브레인 룰스》, 서영조 옮김, 프런티어, 2009.
- 박형주, '4당5락? 잠자는 동안 뇌는 낮에 공부한 내용 복습한다', 〈한겨레〉, 2019년 5월 18일자 기사.

## • 4장 • 운동_몸을 움직여야 뇌가 활성화된다

- 이쿠타 사토시, 《되살아나는 뇌의 비밀》, 황소연 옮김, 가디언, 2011.
- 존 레이티·에릭 헤이거먼, 《운동화 신은 뇌》, 이상헌 옮김, 녹색지팡이, 2023.
- 존 메디나, 《브레인 룰스》, 서영조 옮김, 프런티어, 2009.
- 김민정, '자꾸 멍해지는 이유, 브레인 포그-내 머릿속의 안개', 〈매일경제〉, 2020년 12월 4일자 기사.
- 김잔디, '운동이 성적 향상에 효과… 공부 전 2분 만이라도 뛰자', YTN, 2021년 1월 9일자 기사.
- 윤태희, 'ADHD 아동 운동시키세요…주의·집중력 ↑', 〈나우뉴스〉, 2015년 4월 22일자 기사.

## • 5장 • 기억_뇌가 기억을 잘하는 방법은 따로 있다

- 다니엘 G. 에이멘,《공부하는 뇌》, 김성훈 옮김, 반니, 2020.
- 다니엘 G. 에이멘,《그것은 뇌다》, 안한숙 옮김, 한문화, 2008.
- 샤론 베글리·리처드 J. 데이비드슨,《너무 다른 사람들》, 곽윤정 옮김, 알키, 2012.
- 스웰러·폴 에이레스·슬라바 칼리유주,《Sweller의 인지부하이론》, 이현정·장삼필·심현애 옮김, 아카데미프레스, 2013.
- 이케가야 유지,《뇌는 왜 내 편이 아닌가》, 최려진 옮김, 위즈덤하우스, 2013.

## • 6장 • 두뇌 특성_두뇌 특성을 이해하면 공부가 더 쉬워진다

- 글로벌사이버대학교 평생교육원,《브레인 트레이너 자격시험지침서 4 두뇌훈련지도법》, 글로벌사이버대학교, 2014.
- 베리 코빈,《10대를 몰입시키는 뇌기반 수업원리 10》, 이찬승·김은영 옮김, 한국뇌기반교육연구소, 2013.
- 스타니슬라스 드앤,《우리의 뇌는 어떻게 배우는가》, 엄성수 옮김, 로크미디어, 2021.

- Adam Gazzeley, Larry D Rosen, *The Distracted Mind: Ancient Brains in a High Tech World*, The MIT Press, 2016

- Joanne Cantor, *Is Background Music a Boost or a Bummer?*, Psychology Today, May 27 2013.

- 데이비드 록,《일하는 뇌》, 이경아 옮김, 랜덤하우스코리아, 2010.

- 오노즈카 미노루,《껌만 씹어도 머리가 좋아진다》, 이경덕 옮김, 클라우드나인, 2014.

- 카야 노르뎅엔,《내가 왜 이러나 싶을 땐 뇌과학》, 조윤경 옮김, 일센치페이퍼, 2019.

똑같이 공부해도 성적이 2배로 오르는 아이들의 비밀

# 공부의 뇌과학

**초판 1쇄 발행** 2024년 6월 28일
**초판 2쇄 발행** 2024년 8월 5일

**지은이** 양은우
**펴낸이** 민혜영
**펴낸곳** (주)카시오페아
**주소** 서울시 마포구 월드컵로 14길 56, 3~5층
**전화** 02-303-5580 | **팩스** 02-2179-8768
**홈페이지** www.cassiopeiabook.com | **전자우편** editor@cassiopeiabook.com
**출판등록** 2012년 12월 27일 제2014-000277호

ⓒ양은우, 2024
ISBN 979-11-6827-201-9  03370

• 잘못된 책은 구입하신 곳에서 바꿔드립니다.
• 책값은 뒤표지에 있습니다.

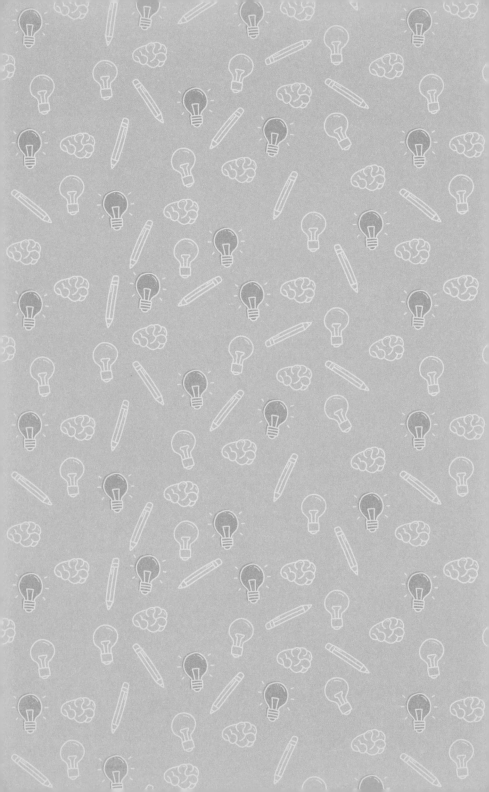